人生真相學

把事情想通
就是善

陳明朗——著

王鳳儀語錄

家和萬事興

老人無德，一家災殃；
子女不孝，沒有福報；
男人無志，家道不興；
女人不柔，把財趕走；
人若無知，一生不覺；
習慣逃避，終生苦楚；
全家無良，四分五裂。

想通

想通者能知善惡，
不知善者難為善，
不知惡者常造惡，
善惡不知難解脫。

目錄

自序

緣起，三十九歲那年，認識了曾老師，展開了人生修行路，見證了許多神蹟。坊間常說，帶天命者，如果不修行就會有考關回應在周邊的親人，目的就是要該天命者執行天命，這個說法一直令人難以釋懷，卻也是許多人走入修行的目的。

曾經，試圖透過神通，改善個人的業力，最後發覺，人生最大業力，還是家庭環境。家庭，是最難以解脫的戰場，過多的壓力，造成每個人都有身心障礙的一面。人總是期待透過修行解除人生障礙，但是常在不明白事理的狀況下，修行，變成了只是心靈的慰藉，或是逃避的藉口。

所謂的天命考關，激起解開人生真相的想法，曾經試過民俗經絡療法，搭配神通灌氣，期待解決人身病痛，後來覺知，就算治的了肌肉組織，卻治不了人的心靈苦楚。於是開始轉換思考角度，往人間尋道方向努力。

說也神奇，此念一出，就獲得《王鳳儀言行錄》，初次閱讀，被書中的事跡所感動，如獲至寶，後來知悉，台中有若水善書流通處，相關的文獻資料齊全，感恩張伯份、張林秀霞賢伉儷善人。

恭讀之後，有了更多的認知與希望，人生的智慧，聖賢們早已備妥，那就是中華傳統文化。誰有志誰獲得，所以邊學習邊講課，快速吸收書中的理念，半年後即前往廣州，希望分享更多中華傳統文化的智慧。

第一趟的廣州行中，自然開性，印證了語錄中所言「得天道者，就算和天接碴，道就源源而來。」一開竅後，又學會了化性技巧，更是加深了信心。

「達天時就是功德」格物學習致知，常這樣想，清末民初時期，講道的環境，與現在科技化的環境，是不同的。交通發達，一日旅程實現了，車程往返時間縮短了；工商發達，時間就是金錢，時間寶貴了。以前講道化性，可以常常用了數十天，以目前的社會經濟結構，已經難以如此負荷；通訊上的發明，人與人之間，已經無距離可言，家庭紛爭的擴大，一通電話傳訊於千里之外；語言上的差異，過去講道所留的資料文獻，與現代的全白話文觀念，又有所差異了，隨著社會環境的快速變遷，社會的價值觀改變了，一切的計算方式，已經產生了巨大的變化。

唯獨不變的，就是文化的智慧，所以開始重新思考，在不執著原著的情況之下，將原精華適度保留，新的經驗融入，重新杜撰，符合現代人可接納的文獻，以此為教材。

科學發達，醫藥進步，病患不減反增；教育普及，知識爆炸，家庭幸福指數卻下降，離婚率反而提高升。只注重物質科技，已經難以滿足人生的需求，失去文化內涵，在人間是無法享受幸福的。中華文化博大精深，是世界上唯一未曾中斷的文化，家庭倫理與人生智慧，是身為中華民族一分子的驕傲。

一生最難懂的是人，人字好寫卻難為。多數人勤於修道養生，尋找外來加持，藉以改善運勢，有勤於佛法者，勤修道術者，有靈性學者等。但基礎都得以人為本，不管勤修於哪一門，了解透徹人生結構，都是必經的課題。

人生的苦，根源於不知善惡，不知善者難為善，不知惡者常積惡，希望可以透過簡單的論述，協助解析人生的思考邏輯，從人的來蹤為起點，剖析人類性心身架構，藉由觀察五行性理，來理解善惡理念。研究正負能量，對身心靈造成的影響，並透過學習善知識，積極化性，從實踐中找到觀念的缺陷，修正、改造家庭氣氛，達到重立人根的目的。

本書，引用了王鳳儀善人及諸位前輩的原始語錄智慧，並加入了個人的實踐心得，用簡單的六法：問性法，化性法，懺悔法，比較法，計算法，內觀法等，引領實踐，並達到親民的效果。期待透過教育，傳遞更多正知正覺的觀念，以達到止於至善的目的。

知善才能為善，知惡才能避免造惡，把事情想通能為善，把事情想成負擔惡自來，善惡面面皆不同，我善未必是彼善，彼惡未必是我惡，善惡一念間，皆是由心所造。

古人說：修身、齊家、治國、平天下，修身先正心，正心先意誠，意誠先致知，致知得格物。所以說，格物者能致知，致知者能意誠，意誠者能正心，正心方能修身，修身者才能齊家，家齊才能解脫苦海。

本書的精隨，著重闡揚知善的智慧，知善才能知人，知人才能知病，知病才能解病，解病才能化性，化性才能開性，開性就是開悟，開悟才能達天時，達天時才能識時務，識時務才不會受剋。

三界的苦，還得從三界清；醫學再發達也難以治心，心病還是得要心藥醫，「把事情想通就是善，把事情想成負擔就是惡」。最後，以此句為個人座右銘，與大家分享。

人生概論

老君曰：

天下皆知美之為美，斯惡已，皆知善之為善，斯不善已。故有無相生，難易相成，長短相較，高下相傾，音聲相和，前後相隨。是以聖人處無為之事，行不言之教。萬物作焉而不辭，生而不有，為而不恃，功成而不居。夫唯弗居，是以不去。

人生概略圖

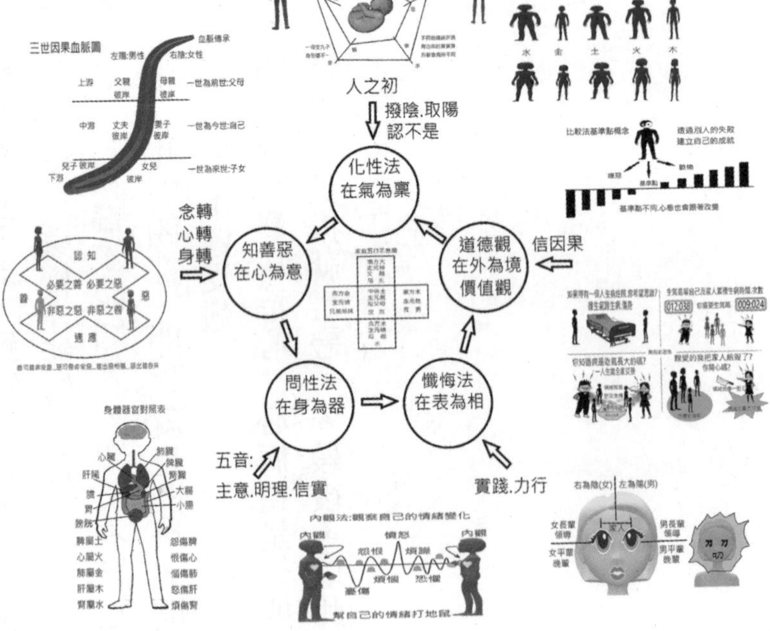

自問？何時探索過人生的真相呢？相關的資料文獻豐盛多樣，雖然已經可以輕易到手，簡易的入門，但是真正了解自己的又有幾個？如果有一天，醫生對你說，你或家人生病了，而且是重症，自己的第一個反應是什麼呢？

心中會感覺到錯愕驚恐嗎？
會想要知道生病的原因嗎？
能夠立即接受這個事實嗎？
會期待有附屬方式參考嗎？

如果有這些疑慮，可參悟本書，每個段落，都是智慧的結晶。人生真相學從出生分析起，從遺傳的角度、父母的行為模式、家庭的淺移默化、環境的影響、觀念的缺陷、能量的作用、學習轉念等，逐步引導帶入學習。每天睡覺的房間，大腦尚無法仔細描述，何況是只能看見外表的身體。不懂自己則難出數，不懂他人則難相處，知己知彼，才能互登彼岸。

人生走一回，上壽不過三萬多天，一年三百多天，一天二十四小時。莫說隱忍一生，不談年復一年，二十四小時也太久，只是人與人見面的霎那，一眼的時間，要如何消彌執見？心態上就很難做到了，何況是長久相處，又如何能自在呢？遑論一生的承諾，年復一年的時間，只是一個血緣關係，對多數人而言，就已經是一條不歸路，若是不懂人間萬迷陣，不知道處世的觀念，這輩子是難以解脫的。

時間單位是死的，分秒必過，過一天少掉一天，過一天多活一天；人是活的，把自己過活了？還是變成行屍走肉，操之在己；書是死的，觀念是活的，是把書讀死了？還是把觀念讀活了？

人生面面俱道，具備人道，從身體表面到裡面，從觀念到思想，從心態到行為，從情感到情緒，都有著一定的準則。人生不斷的在抉擇，知「道」的越多，選擇越多，知道越少，枷鎖越多，知道才能得道，得道才能做到，做到才能解脫。

觀看本書不求快，慢慢看。人生的真相，非一兩天可以完全了解，人生需要不斷的思考，反覆實踐，檢討修正，才能進步。如果一開始閱讀，看不下去，深呼吸幾次，放鬆心情，冷靜一下在繼續，剛閱讀的幾天，習性會抗拒，這是正常的現象，學習告訴自己，持之以恆，自然可以克服。

第一章

人的來蹤

第一節　人是三界生的

人是天、地、人三界生的。天賦予人的性，謂之天性，為性界；地賦予人的命，命又賦予人的心，謂之心地，為心界；父母生給人的身，謂之肉身，為身界。所以說，三界是人的來蹤，懂三界才能覺知人生的過程與真相。

性界：純陽為善的。只知為人，不知為己。

心界：是半陰半陽，可善可惡的。人心為己，存私；道心為人，存公。

身界：是個胎生物，是純陰的。只知為己存活，為己所用。

一、心界是陰陽關

心是三界的入口，如同陰陽門。往上修行是性界，往下放縱是身界。人生是來歷練與學習的，要想得道，就必須得「性中要能存天理，性屬水得柔和；心中要能存道理，心屬火得平和；身要能盡情理，身屬土得矮和。」如此，三界自然合道。

二、三界存良

性界要存良知，心界要思良能，身界要行良善。身盡情理，情理足道理圓；心從道理，道理足則天理圓；性存天理，天理足性光圓。明自本心，見自本性，光灼灼、圓陀陀，明心見性，便是返本歸原成道了。

三、人生的資產

人生最大的資產，就是自己的「三界」，三界就是人的「根本」。

達摩祖師說「從根本上去修才能成佛。」什麼是根本？三界的智慧就是根本，三界的煩惱就是智慧的種子，逆境中能生智慧，智慧就是菩提。所以三界的煩惱，就是三界的菩提，用心學習，一定可以成長。

四、了脫三界

知三界才能解脫三界，知性界才能得光明，知心界才能掌控情緒，知身界才能保命延壽。

五、未知的疑慮

人生不怕逆境來，就怕無知。因為無知，不知如何處事，就容易對眼前的人事物累心、累身，就容易產生不悅。心境一但起伏「性界就產生陰暗面，性光就會被遮蔽；心界就產生徬徨，心情就會起伏不定；身界就會累積習性，身體就會累積負能量，產生病因。」多一分學習，能多一分覺知；多做一分準備、能少一分恐懼；多一分認知、才能多安一分心

六、覺知人生

覺知三界就是覺知人生的構造，覺知性界就是覺知人的軟體，覺知身界就是覺知人的硬體，覺知心界就是覺知人的指令。人就是一部超級電腦，覺知三界就是覺知人的軟體、硬體及操作指令，想要身心靈運作順暢，就要學會幫自己下達指令。清理性界就是幫性界除去陰霾，才能重獲光明；清理心界就是重設觀念指令，修改自己的行為態度；清理身界就是調整身體的結構，建立健康的生活習慣。

第二節　人有三性

天性：天賦予的性為天性。天性是純善無惡的，孟子說的性善，指的就是天性。天性不清不能明，若想清天性，先去私慾。以天性做事能聚萬靈、積善緣。

稟性：人賦予的性為稟性。稟性是純惡無善的，荀子主張性惡，指的是稟性。稟性不化不能正，若想化稟性，先去我見。稟性不化者，惡習難除，天性難明。

習性：後天所學習的性為習性。習性是可善可惡的，近朱則赤，近墨則黑，告子說的性是「可善可惡」的，指的就是習性。習性不除不能立身，想要去除惡習，先去我見，我見不除，稟性難化。

一、什麼是我見

人所產生的執念，就是我見。人的行為模式，都依循著過去習性在動作。當下的認知，是執念的準則，善惡判斷，正負能量的變化，都在一念之間。不了解我見，便無法控制自己情緒，就容易產生罣礙。

二、我見即我念

我念即我意。一件事情、一個狀況，都會產生一個思緒，並且衍生一個念頭，每個念頭，都能產生執著。多少執著沒想通，就產生多少負能量，如果天天不順眼，常常不順心，起心動念生五毒，天天累積負能量，日子久了，身體無法再負荷，就會生病，不可不察。

三、負能量的厚薄

每天產生的負能量，如果用一張紙巾厚度比喻，每天清理沒問題，若每天累積一張，一年可累積三百多張，十年累積三千多張，三十年累積一萬多張，時間越久，沉痾越多，稟性越厚，要想清理就很難。善為正能量，惡為負能量，所以，勿因善小而不為，勿以惡小而為之。

四、人的模樣

人所存的心境不同，模樣就不同，一母生九子，模樣各不一，這就是遺傳性。像辣椒結籽必辣，酸梨結果必酸一樣。將不良遺傳性，從身上化去，就是「上超七祖」了，不再遺傳給子孫，就是「下蔭九玄！」就是俗語說的「一人得道，九玄七祖盡超生。」所以說，想超渡祖先，先清理自己的三界。

五、做什事生什性

人遇到自身無法轉圜的狀況，就會推說天生的。其實，人的個性、習性都是自己生的，作什麼事就生什麼性，做善就生善性，作惡就生惡性，都在人自己。以天性做事的人，會找人好處，以稟性當家的人，準是看人不對，這叫有什麼性，就招來什麼事。

六、天性根源

天性有源，稟性有根。能化去稟性，天性就圓滿了，不能化性的，無明一觸即發，像是迷失心竅似的，總是鬧得家宅不安，就像中了五毒似的，讓人生病死亡。稟性的根最深，不易拔除，若是降伏不住它，就難以把人做好。

七、超脫三界

習性是物慾所繞，稟性是人間的煩惱。在道德中盡義務，就能超脫身界，會做人的超脫心界，稟性化盡，超脫性界。化稟性、圓滿天性，就能「超出三界外」。

八、都是自己生的

常說：「黑眼圈天生的，眼睛凸天生的，牙齒不好天生的，膚質差天生的，容易發脾氣，都是天生的。」化性後改善，才知道都是自己生的，都是自己搞砸的。不要將缺失都推給父母，講的好像都是父母的錯，好與壞都是自己做的，自己該負的責任最大。

第三節　人有三命

天命：「性」與天命合，道義就是天命。

宿命：「心」與宿命合，知識、學歷、能力、財富都是宿命。

陰命：「身」與陰命合，稟性（怨、恨、惱、怒、煩）就是陰命。

人常說自己的命不好，問哪個命不好卻又一無所知，只知道羨慕別人命好，然後不滿意自己的現況，想改善又不知從哪裡著手，這就是不知命的人，不知命又如何改造命運呢？

一、辨別三命

問職業，知天命大小；問家業和境況，知宿命有多大；看看稟性大小，能知陰命的大小，想認知一個人，先清楚對方的三命。三命就是三界，三界貫通，許多事情就知道了。

二、三命關係

天命大的宿命也會大，宿命大的陰命無法了。能止住宿命，了去陰命，才能增長天命。

三、三命特性

天命大，令人悅服；宿命大，受人恭維；陰命大，使人畏懼。
天命大的和人，宿命大的壓人，陰命大的嚇人。

天命大的掌天權，宿命大的掌人權，陰命大的喜好爭權。

四、三命行事

以天命做事的必好，以宿命做事的必壞，以陰命做事的必滅。以宿命做公益的增長天命，以宿命圖享受的增加陰命。善用宿命的常知足，能消陰命，增天命；不會用宿命的好縱慾，增加陰命，消天命。增長天命，可消陰命。用陰命、重宿命，不知增長天命，無法明心見性。

五、三命消長

不知命無以為君子，不知人不能達彼岸。知人好處是知人的天命；知人功勞是知人的宿命；知人稟性是知人的陰命，知命的人是真君子。好動稟性消天命；好生怨氣消宿命；好占便宜增陰命。天命小要會長，宿命小要會增，陰命大要會消，命小要會長，命大要會守。

六、三命好壞

把三命研究明白，用好的三命行事，命準好。命好命不好，在於自己所作所為。孟子說：「修其天爵而人爵從之。」可是人一旦得了人爵，就不再修天爵了！修德性是長天命，學習技藝、多積錢財，是長宿命，爭貪是長陰命。

七、三命大小

當家長有一家的天命，當老師有一班的天命，當校長就有一校的天命，當縣長有一縣的天命，當省長有一省的天命。管的人越多，天命就越大，因為眾人是天，天命大的宿命就大，能運用的權力財富就多，奉承巴結也多，養成的習性多，陰命就大。

八、眾人就是天

以眾人為主，就是以天為主，眾人的命，就是天命，眾人的道，就是天道；以家人為主是家道，以人為主是人道，以眾生為主就是公道；

以自己為主，自私自利，就是不知「道」。萬人有萬人的天，千人有千人的天，天不分大小，嫌棄萬人就是嫌棄天，嫌棄千人也是嫌棄天，萬人嫌棄千人也是嫌棄天，千人嫌棄萬人也是嫌棄天，嫌棄天就是在嫌棄自己，嫌棄天就會使天性蒙塵，產生性光不明，稟性纏身。

九、求好心切

一個字可以有很多種解釋，人字好寫，也可以有很多做作為，先理解善與惡，再學好好做人，才能做好好人，這之間還有一段差距。大家都希望能夠做好好人，為了一個求好心切，起心動念，產生爭端，造下遺憾，反而把自己做壞了。

十、善魔也是魔

自認為是正義的一方，假借任何形式辱罵、詆毀、抹黑、造謠等，都是屬於著魔。萬人是天，千人也是天，與天對立會增加稟性，遮蔽性光。短時間自己不覺知，稟性日漸累積變成習性，價值觀念偏差，幫自己累積病根，還會遺傳給下一代。惡魔是魔，善魔也是魔。得理不饒人是善魔，無理取鬧不饒人是惡魔，善魔、惡魔都會消天命。

十一、得失之間

擁有太多，才會仗勢欺人。認不是可以生智慧水，煩惱可以生菩提根，逆境是天來加福，要學會接受。不會做人就有苦，就容易受災、招難。生病就是有罪，之所以不知道自己的罪在哪裡？是因為不知天道，不知道眾人的道，不知自己的本，也不知自己的命，才會如此。

第四節　人有三身

人身也可分為三品：就是孽身、罪身、德身

孽身：身體是個胎生物，物與物合，遇到物就想要歸為己有，不論任何好的東西一到身上，好的也會變成壞的。所以說它是無底深坑，永填不滿。不用說吃喝嫖賭、吸煙吸毒全染上，只是吸毒一件，不用幾年的工夫，就能把萬貫家財耗盡，把身體搞壞，甚至賣老婆、孩子，還觸犯法律，這就是孽身。

罪身：好吃懶做，專想享受，不努力工作，怨天尤人，越怨就越恨，心裡越難過，日久必生病。有病就是受罪，身體髮膚受之父母，沒保護好就是不孝，生病拖累家人，就是不仁不義，不是犯罪才是罪人，這是罪身。如果身尚未動，心先厭煩，做起事來馬馬虎虎，心不甘情不願，做的工作少且慢，又損壞的材料多，就是壞事。身子閑，心不閑，思前想後，苦惱身心，必定生病，這叫身累心的罪身。

德身：人在活動時，一心一意地工作，越做身體越強，精神越足，越有樂趣。不論做什麼，都能誠心誠意的做，事業準有成，身體也健康。身體是個胎生物，要聽從心的指揮，心還得本著天理，克制人的慾望，降伏肉身，自然能成人，成為德身。

人不染孽身、不造罪身、歸一德身，才能成己成人；不爭不貪，福祿無邊。貪來的有過，爭來的有罪，攬來的是孽。天理乃是分毫不饒人的，須修知覺道，身體力行，才能解脫。

第五節　人有三視因果

一、今生三世因果

一世為前世，謂之父母。
一世為今世，謂之自己。
一世為來世，謂之子女。
哪一世因果不了，哪一世無法

三世因果血脈圖

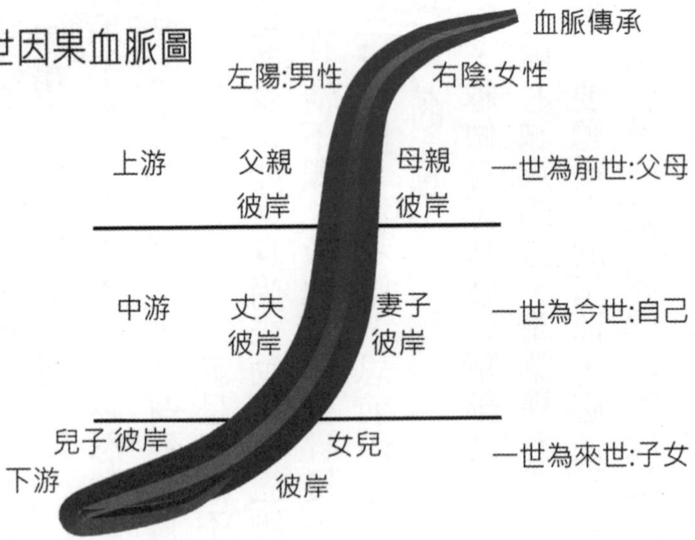

達彼岸，則哪一世無法解脫。幾個職稱就有幾個岸，一岸未達，則一心罣礙，五蘊難空，苦厄難了。

二、今生三事因果

一事為錢事。
一事為運事。
一事為家事。

哪一事觀念不通，哪一事無法面對，哪一世無法登岸。人生的七件事，柴米油鹽醬醋茶為錢事；財富、名利、健康為運事；婚喪喜慶，兒女情長為家事。

三、今生三是因果

一是看人不是。
一是自認沒不是。
一是不知如何才是。

哪一是觀念不通，哪一是無法溝通，則哪一事無法面對。看人不是是收贓，自認沒不是，是沒擔當，不知如何才是，是無能。

四、三嗜因果

一嗜為仗勢。
二嗜為自視。
三嗜為逃室。

哪一嗜不懂，哪一嗜無知，哪一是無法想通。仗勢是欺人太甚，自視為目中無人，逃室為不負責任。一嗜無知則一是不通，一是不通則一事無法面對，一事無法面對一世無法解脫。

過去是因，現在是果，眼前的不適（不如意）應該往過去檢討，才能找出真正的根源，無因不生果，冰凍三尺非一日之寒。過去因不排除，現在難釋懷，則未來無法解脫，也就難以明心見性。

人生在世，不外乎這些煩惱，從這些因果中找著自己的缺陷，檢討自己的缺失，找到一個，就可改善一件，找越多改善越多。逃避比面對付出的代價更大，不管是上輩子造的因，還是今生做的孽，都得在此生解決，把眼前做好就是了。

第六節　人有三界的病

性界病：稟性（又名氣稟性），動性發脾氣，是性界的病，性清有福。

心界病：個人私欲、心思別人的不對，是心界的病，心清有祿。

身界病：不良嗜好，為身子營私，好占便宜，是身界病，身清有壽。

一、三界病根

性界的病根是脾氣，心界的病根是私欲，身界的病根是不良嗜好。性中沒有脾氣，是性清；心裡沒有私欲，是心清；身上沒有不良嗜好，是身清。三界清了，就是「一氣化三清。」三清才能除三界病！

二、清理三曹

三界的病全可治，必須分開三界，每一界都像曹器，都容易累積負能量，所以得清理三曹。身上無不良嗜好，身界就沒病；心中無私欲，心界就沒病；性中無脾氣，性界就沒病。心性中的病根，非用道不能治好，心病還是得心藥醫，心病不醫，性、心、身三界必定有病，只是每個人狀況不同而已。

三、三界福祿壽

三界中，性是福星，心是祿星，身是壽星。吃得過分折福，說話傷人削祿，穿戴過分損壽，性清、心清、身清，才能福祿壽齊。

四、三界的債

人生求道就是去貪、去爭、去攬！

貪：就是過，虧天理，欠天上債。
爭：就是罪，虧道理，欠人間債。
攬：就是孽，虧情理，欠陰間債。
倘若三個字都犯了，欠三界的債，不會有好的結果。

五、保護三界

常抱屈傷心，不抱屈保氣保命。
常後悔傷性，不後悔保性保福。
常怨人傷身，不怨人保身保壽。
不抱屈、不後悔、不怨人，三界都不受傷。

六、三界之寶

人有三寶：就是性、心、身。
性屬水：水是人的精，精足有智慧。
心屬火：火是人的神，神足有靈性。

身屬土：土是人的氣，氣足有發育。

七、三界的自省

一省性中有無脾氣？有人拂逆的時侯，性裡起什麼作用？
二省心裡知不知足？有無偏私？吃虧時，心裡什麼滋味？
三省行為正不正當？確實會做什麼？這樣是不是最好的結果？
這就是三省。

八、三界的毒素

就是五毒（怨、恨、惱、怒、煩），怨是五毒的總根，不甘心是怨的種子。反省時，看看自己有無不甘心，如果有不甘心的思緒，就得找好處撫平，避免在心中累積，累積多了就會萌芽成惡苗，若遇事動稟性，就會產生惡果。

九、人有三綱領

性存天理，是性綱。

心存道理，是心綱。

身盡情理，是身綱。

綱是準則，不是枷鎖，當綱用為引領，以身作則；當剛用為仗勢欺人，作繭自縛。

十、人有十條律

一不貪、二不爭、三不抱屈、四不後悔、五不怨人、六不着急、七不上火、八不生氣、九不恐懼、十不憂慮。若再能做到不浪費金錢、不枉費力氣，不但身心健康，家庭也可幸福和樂融融，還能成佛得道。

十一、三界受了

能忍則稟性了。

知足則心性了。

勤勞則身性了。

這正是三界好了，不能再了就好不了，所以受了、受了，受了就能了，受不了就被換。

十二、清三界種子

學能忍之外，還要能把事情想通，把存在心性中的負能量排除，才不會在心理作祟，否則還是會再發生。強迫放下非真放下，只能算是壓抑，遇事還會重來。想通才能真正釋懷，所以還得檢視心中，是否有不甘心的糾結，不甘心就是怨的種子，受到刺激就會萌芽，心不糾結時，才是真放下。

十三、負能量的累積

遇到事情起心動念時，產生怨、恨、惱、怒、煩、恐懼、憂慮等，心界就開始累積不良習性，產生心界病；當身體產身激動顫抖、發冷發熱、器官糾結、身體癱軟、頭迷眼花、局部疼痛等現象時，身體就會累積毒素，產生身界病；情緒爆發時，產生抱怨後悔、爭執吵鬧、看人不是、心生悶氣、懊惱懊悔、抱屈憂傷時，性界就會累積遮蔽，導致性光不明，容易遭災受難，影響運勢，產生性界病。

第二章 五行篇

第一節　家庭五行定位

中央屬土位：主元氣，代表祖父母、祖先。要常提家人及祖先的好處，是打氣；如果長輩捨不下是非心，喜好擔憂，多管閒事，總挑剔家人的毛病，就是洩氣，家運準差。

東方屬木位：主元性，代表長子女，或經濟收入者。要有擔當，歡喜工作賺錢養活全家；以身作則，家裡人有不會做的事，便要怨自己，不可抱屈，抱屈傷心傷身。

家庭五行示意圖

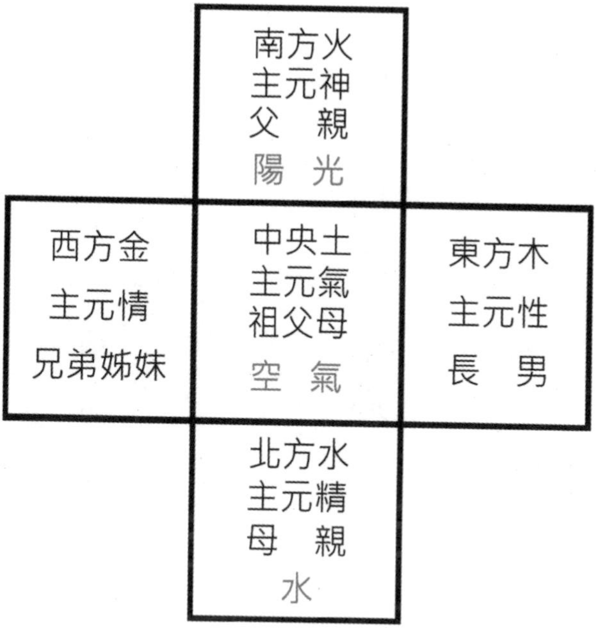

南方屬火位：主元神，代表父親。一家之主，執掌家事，公正無私，循禮守分。家人有不明理的，要認為是自己領導不周，不怨別人。像太陽似的普照全家，遇到環境不好，要說是自己能力不足，對不起一家老小。若是家長定不住位，一遇失意的事情，不是罵媳婦打孩子，就是打電話四處投訴家人不是，就是火去剋金，便傷情了，準有病人。

西方屬金位：主元情，代表其他子女或人員。心要知全家人的好處，遇事要說好話化解事端。若是傳閒話撥弄是非，就會傷感情，敗壞家裡氣氛。

北方屬水位：主元精，代表母親。要能承當全家人的過失，打圓場化解糾紛，免得家人不和，容易鬧情緒出事，若母親定不住位，一哭二鬧三上吊，則遺禍三代。

第二節　家道五行生剋

家庭五行相生

火生土：做家長的人（火位）常向妻子兒女，講祖先的德性及祖父祖母（土位）的好處，是火生土。

土生金：做祖父母的，不要多管閒事，願意做就做點，不願意，就唱唱歌跳跳舞，街訪鄰居串串門子，聯絡情感，有空就提醒子孫盡孝，告訴他們父母的好處，是土生金。

金生水：小孩們生活高興，做母親的心裡愉快，這是金去生水。

水生木：主婦精神愉快，盡心料理家務事，注意上班者「木位」的生活所需，是水去生木。

木生火：上班收入者，得到適當的照料，更加盡心工作，且不用家裡操心煩惱，這是木生火。家裡一團和氣，家自然就和樂了。

一、父子兄弟地位不同

按五行來說，父居火位，主明理，不論子女怎樣不好，只可領教，不可打罵、不可嘮叨、不可抱怨，才算明理。若是子女始終不好，也只能用自責的辦法，但不可抱屈。

二、兄長居本位尚仁

弟居金位尚義。不論兄長叫做什麼，也不可以有絲毫抱怨，才算有義氣。如果弟妹不好，哥哥只能憐愛，像父親對子女般，才算是仁。

三、老人屬土位

主寧靜，不可瞎操心多管閒事。能這樣就是性隨命轉，可說是「率性之謂道」了，如此五行全順，準有貴人。

家庭五行相剋

火剋金：做家長的主全家的命，如果定不住位，遇到不順心，就打罵孩子，找媳婦出氣，是火去剋金。

金剋木：金位人發怒而不敢言，便抱怨兄長說「因為你無能才使我們受氣，這日子過不了！」是金去剋木。

木剋土：木位人不肯承認自己立不起來，反怨祖先沒留財產，自己累死也沒用，向老人發牢騷，是木去剋土。

土剋水：老人被嫌棄吃不消，怪兒媳婦沒生好兒子，沒大沒小，找起我老人家的毛病來了！是土去剋水。

水剋火：主婦沒處洩憤，便跟子女投訴，說孩子爸爸的不是，說三道四，又哭又鬧的，精神折磨小孩，是水去剋火。

如此相剋必定敗家。一個嫌棄一個，一個推諉一個，一個糟蹋一個，五行全剋，家又怎能平安呢？不平安哪來的幸福。

第三節 人有五域

外境之域：屬木。身軀以外，皆屬於外境外域，環境、其他人物、物質等，皆屬外來之域，直接影響的就是人際關係、生活習慣、工作運勢。

表相之域：屬金。一個人的表面，皮膚所見之處，皆為外表之相，高矮胖瘦、膚質氣色神韻、四肢動作皆屬表相，也就是所謂的外在形象、氣質涵養等的表現。

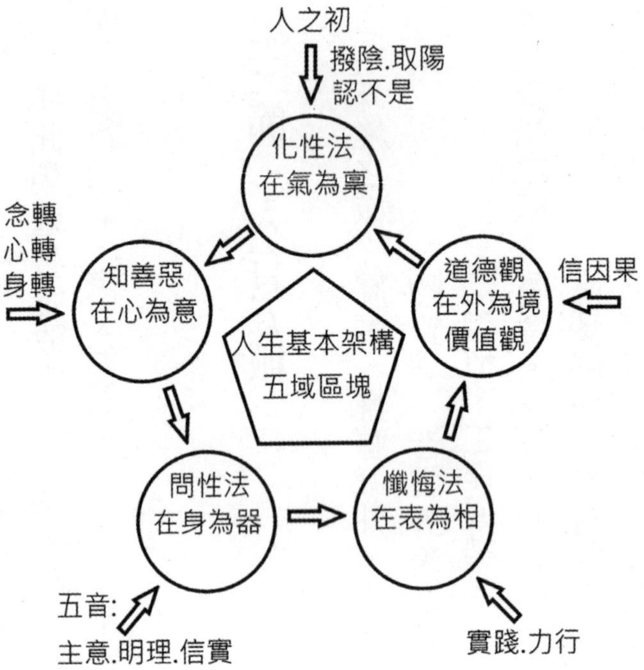

身器之域：屬土。全身細胞皆是容器，身體是靈魂的載具，精血運作的地方，簡單說就是皮肉骨頭、五臟六腑、血液氣場部分。

心意之域：屬水。心意指的就是觀念，思考邏輯的智慧，是一種意識，可以透過學習，增長與改變，也就是宿命根源。外在表現是思想的成熟度，體現在表達能力、溝通能力、創造、相處的能力等。

氣稟之域：屬火。無明之域，就是所謂的氣稟性，容易產生怨恨惱怒五毒，是身體負能量產生的根源。常說的「江山易改稟性難移」，所指的就是氣稟性。

一、氣稟與外境

好脾氣能有好人緣，好人緣得人助，人助有好機會，才會擁有好環境，再能家庭和樂，自然幸福，人生就能美好。可見不發脾氣多麼的重要，對外在的環境影響深遠。

二、心情與表相

保養不如有好心情，最好的美妝是笑容，好臉色也要有好氣色。氣色好，身體自然健康。有健康的身體，才能有好心情，有好心情才能有好氣色。身體好、心情好、氣色好，怎麼看都美麗動人。

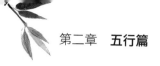

三、健康的身體

千金難買健康，家財萬貫，不如健康一身，健康的身體，是人生發展的基石，健康是最基本的需求。

四、心與善惡的關係

好心不如心好，心好不如知善惡，知善惡要學格物，格物能致知，致知才能行道。行道要意誠，意誠要正心。古人說：「誠意、正心、修身、齊家、治國、平天下。」

五、好與善的距離

用好心做事，未必能合道合善；心好的人，不會離道太遠；知善惡的人，懂得判斷選擇，才能把事情做好，面面俱道，面面具備人道。

六、善惡與五域

不知善者難為善，不知惡者常造惡，善惡不知，是非不分，好壞難辨，容易五域不清，五蘊難了。五蘊不空則苦厄常存，身心靈難以解脫。要五蘊清明，才能見到五域的陽光，五域光明則神清氣爽，五竅靈光。

第四節　人有五行性理

肝臟屬木，甲為陽木，乙為陰木

陽木性人：仁德、正直、有主意、能忍辱做事有擔當力。

陰木性人：好抗上不服人、寧折不屈、說酸話諷刺，做事不許人辯駁，多不孝，容易一生多難。

症　狀：易生怒氣，怒氣傷肝，產生頭迷眼花，兩臂麻木，四肢無力，胸隔不舒，耳鳴牙痛，中風等症狀。

若要病好：須撥陰取陽，問主意，以仁德存心，愛人愛物，戒殺生。德能養性，行持日久元性複初。

心臟屬火，丙火為陽火，丁火為陰火

陽火性人：為人明理、溫恭謙讓、守禮守分、不爭不貪、舉止合度。

陰火性人：好爭理、個性急躁、喜好誇張、好虛榮、愛面子、貪而無厭做事虎頭蛇尾。有一分陰火，就多一分遮障，一生多苦。

症　狀：好恨人，恨人傷心，產生心熱心跳，失眠顛狂，暗啞疔瘡等症狀。

若要病好：問明理，撥陰取陽，以禮存心，戒邪淫。禮能養心，行持日久元神複初。

五行性對照表

六腑	五竅	五性	五元	五教	五體	五戒	五常	五味	五色	五毒	五臟	五方	五行
膽	目	主意	元性	釋	筋	殺	仁	酸	青	怒	肝	東	木
小腸	舌	明理	元神	耶	血	淫	禮	苦	赤	恨	心	南	火
胃	口	信實	元氣	道	肉	妄	信	甜	黃	怨	脾	中	土
大腸	鼻	响亮	元情	回	皮	盜	義	辣	白	惱	肺	西	金
膀胱三焦	耳	柔和	元精	儒	骨	酒	智	鹹	黑	煩	腎	北	水

脾臟屬土，戊土為陽土，己土為陰土

陽土性人：為人信實、忠厚老實、心胸寬大、能容能化、勤儉樸素、篤行道德。

陰土性人：固執死板、蠢笨蠻橫、心量狹小、疑心病大，一生多累。

症　狀：好怨人，怨人傷脾胃，產生膨悶脹飽，腹痛吐瀉，虛弱氣短，面黃懶惰，食慾不振等症狀。

若要病好：問信實，撥陰取陽，信因果，戒妄語。信能養氣，行持日久，元氣復初。

肺臟屬金，庚金為陽金，辛金為陰金

陽金性人：有義氣、擅交際、豪爽活潑、敏捷果斷。

陰金性人：好分辨，好惱人，殘忍嫉妒、虛偽好辯、巧言令色、笑裡藏刀，多命薄。

症　狀：惱人傷肺，產生氣喘咳嗽，肺病咯血，肺經疾病等症狀。

若想病好：問響亮，撥陰取陽，要有義氣，找人好處，戒小貪盜，義能養肺，行持日久，元情復初。

腎臟屬水，壬水是陽水，癸水是陰水

陽水性人：有智慧、性柔和、心靈手巧、擅精藝術、肯低矮就下。

陰水性人：好煩人，愚魯遲鈍、遇事退縮、多憂多慮，一生受氣。

症　狀：好煩人，煩人傷腎，產生腰、腿酸痛，遺精淋症，虛瘺腎虧，疝氣淤結等症狀。

若想病好：問柔和，撥陰取陽，認不是生智慧水，戒酒。智能養精，行持日久，元精復初。

佛家戒殺：就是孔子講的仁字。仁是德，德能養性，是陽木。真木性人能立，是德的根，有主意，能忍辱，能受氣不動性，不耍脾氣，能立萬物。行持久了，自然養足元性。

佛家戒淫：儒家守禮，禮能養心，神足是陽火。真火性人，能明理，是神的根，能知禮達時，聰明過人，能化萬物，行持久了，自然養足元神。

佛家戒妄：儒家講信，信是萬善的功德母，能養一切諸善根。信能保氣，是陽土。真土性人能容、能化，是成道的根，知因果，了輪迴，能生萬物。行持日久，自然積足元氣。

佛家戒盜：孟子講義，大義參天，情理足是陽金。真金性人能果斷，是成仙的根。知人好處，有義氣，人緣大，遇事迎刃而解，能創萬物。行持久了，自然積足元情。

佛家戒酒：儒家講智，智能養腎是陽水。真水性人能柔和，是成聖的根。能認不是，認不是生智慧水，能涵養萬物，行持久了，自然積足元精。

一、要想得道

得嚴守戒律，存佛心、說佛話、行佛事，當體成真，就是佛了。要想成仙，五氣朝元，得照五行性理，撥陰取陽，實作實行，才能得道。

孟子曾說「君子所性，仁義禮智根於心，其生色也，見於面，盎于背，施於四體，四體不言而喻。」不明道的人，說信道是迷信，做道德哪有迷信呢？全要躬行實踐才能得著。

二、聖賢的根源

真木是佛的根：真木性人有主意、能忍辱，能立萬物。

真火是神的根：火主明理，知時達務，能化萬物，不為萬物所拘。

真土是道的根：信因果，能容能化，才能生萬物。別人壞是別人的因果，你不必怨他，也不要替他着急。

真金是仙的根：能找人好處，找好處生響亮金，能和人聚萬緣，有義氣，有果斷力，遇事迎刃而解，能創萬物。

真水是聖的根：能認不是，認不是生智慧水，性柔和，能養萬物。

人如果得不着真五行，固執稟性用事，就死在五行裡了。

三、稟性的副作用

稟性中偏木的說話撞人，偏火的說話燎人，偏土的說話欺人，偏金的說話刮人，偏水的說話淹人。

四、人道與天道

「知止而后有定」是陽木。
「定而后能靜」是陽火。
「靜而后能安」是陽土。
「安而后能慮」是陽金。
「慮而后能得」是陽水。
大學頭一章，把做人的道說透了，中庸的頭一章，把天道說透了。

五、大學第一章

大學之道在明明德，在親民，在止於至善。知止而後有定；定而後能靜；靜而後能安；安而後能慮；慮而後能得。物有本末；事有終始。

知所先後則近道矣。

古之欲明明德於天下者先治其國。欲治其國者先齊其家。欲齊其家者先修其身。欲修其身者先正其心。欲正其心者先誠其意。欲誠其意者先致其知。

致知在格物。物格而後知至。知至而後意誠。意誠而後心正。心正而後身修。身修而後家齊。家齊而後國治。國治而後天下平。自天子以至於庶人，壹是皆以修身為本。其本亂而末治者，否矣。其所厚者薄而其所薄者厚，未之有也。

六、中庸第一章

天命之謂性；率性之謂道；修道之謂教。道也者，不可須臾離也；可離，非道也。是故君子戒慎乎其所不睹，恐懼乎其所不聞。莫見乎隱，莫顯乎微。故君子慎其獨也。喜怒哀樂之未發，謂之中。發而皆中節，謂之和。中也者，天下之大本也。和也者，天下之達道也。致中和，天地位焉，萬物育焉。

七、真五行

達天時是陽火，信因果是陽土，找好處是陽金，認不是是陽水，能受氣是陽木。這是真五行。

八、真陽火達天時

現今的天時，人人性裡都有火，火性人主貪，好爭理，所以才爭貪不止，紛爭不息。不爭不貪是真陽火，真陽火才能達天時，不爭不貪才能真明理，知時機識時務。

第五節　五行性識別法

人是什麼性，可以從形狀、面色、聲音、行態來分辨：

木性人：身材細高、雙肩高聳；長臉、上寬下窄，倒三角形臉，瘦而露骨、青筋暴露；走路時高壓有聲；說話的聲音，直而短，齒音；生氣時面色青而帶殺氣。

火性人：身體圓胖，體形豐滿，柳肩膀；棗核形臉、上尖中寬，似橢圓臉，赤紅面、肉多橫紋、毛髮稀疏；行動急速，走路時上身搖擺（蛇行）；說話的聲音，尖而破，舌音；生氣時面紅耳赤。

土性人：五短的身材，土性人有三厚—背厚、唇厚、手背厚。平方形

五行比例

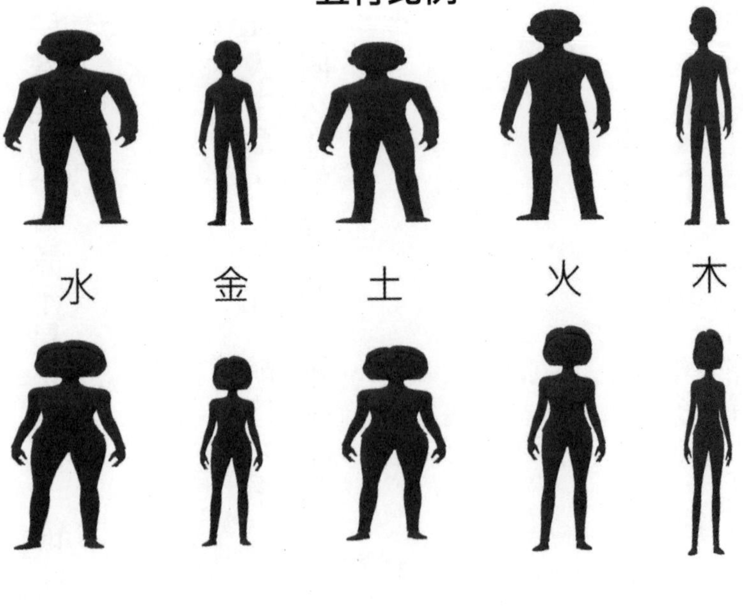

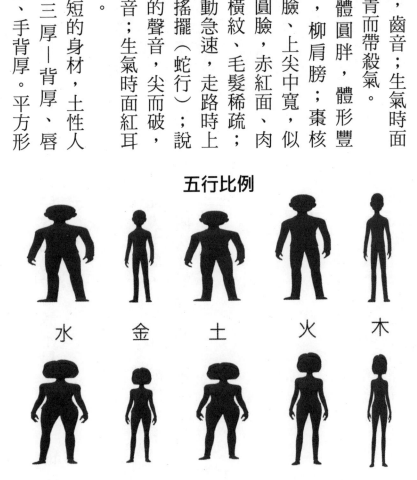

臉，蒜頭鼻子，面色黃；行動沉重踏實；說話鼻音重；生氣時，面色焦黃。

金性人：身段苗條、身形單薄；長方形臉、顴骨高。面色白皙、眉清目秀、唇薄齒白；舉止輕佻；說話聲音宏亮，唇音；生氣時好冷笑，面色煞白。

水性人：體型肥胖，豬肚子形臉，上窄下寬、重下額、面色淡黑。粗眉大眼、毛髮深黑；行動遲緩，拖泥帶水，坐立時均好倚扶；說話聲音慢長而低，喉音重；生氣時好哭，面色陰黑。

看人的性，先看形，後看色，便知順逆。人都具有五行特性，只差所偏的個性多寡，觀性知病是重要的技巧。

第六節　心界五行

人心本是至明的，本性也是至靈的，心生邪念，立即迷惑本性，則昏暗矣。心正神足，光明覺照，洞徹十方。

心界的陽木：正直、有良心。
心界的陰木：抗上不服人。
心界的陽火：謙虛、明理。
心界的陰火：爭理、貪名、好高愛好。
心界的陽土：誠實信人、心大意大，能容能化。
心界的陰土：多疑、心小量窄、好怨人。
心界的陽金：會找人好處，人情圓滿周到。
心界的陰金：好分辨、嫉妒心重、好惱人。
心界的陽水：清靜、平和。
心界的陰水：憂慮、好煩人。

一、心界的陰陽

像太極的陰陽魚似的，互為消長。心念邪正，立即印在性腦膜上，愚人以為有祕密，那是自欺的想法。一動念，自性知道，就是天知道，自心知道，就是地知道，「誠於中，形於外。」「人之視己，如見其肺肝然！」騙的了別人騙不了自己，人心一念之微，天地人三界全知道，所以說，意念一動，浪傳十方。

二、心性一體

人存什麼心，做什麼事，就成為什麼性。作善事，就會長善性；作惡事，就會長惡性。都是自做自受的，一點也怨不著別人。明白這個真理，就知道人是自己成全自己升天堂，或是自己促使自己下地獄，一切都是自己的決定。若是明知不可為而為之，在心中一定會留下陰霾，形成日後不敢告人的祕密，形成心中無法抹滅的罣礙。

三、智慧的區分

古人說：「與上智之人談性，與下愚之人談因果」。人心就是個陰陽闢，把心界五行研究明白，總以陽面應事，自然能夠陽長陰消，這就是撥陰取陽。談天性這就是談先天概念，先天不爭理；談因果是談後天的作用，公說公有理、婆說婆有理，爭道理氣死你。

《金剛經》上說：「發阿耨多羅三藐三菩提心，應如是住，如是降伏其心」。便是上佛國的道。若不降伏自己的邪心，就是下地獄的道。能時時注意去私心，恢復良心，能自救救人，才能為天地立心。

第七節　身界五行

身界陽木：端正、能立、建功作德。

身界陰木：身子直硬、傲慢。

身界陽火：舉止大方、守禮。

身界陰火：拘緊、務外表，做事荒唐。
身界陽土：穩重、實作實行。
身界陰土：拙笨、死板。
身界陽金：活潑、靈敏。
身界陰金：輕狂。
身界陽水：悠閒、儒雅。
身界陰水：懶惰、退縮、邋遢、無力。

一、身體是個胎生物

外物與身物合，容易染上不良嗜好。人心一正，元神通性靈，指揮肉身盡忠、盡孝、發揚人性，光大群性，是君子上達，可以達到撥陰之效，排除身體的負能量。心邪神迷，放任肉體縱慾享受，毀滅人性，增加稟性，是小人下達，容易起心動念產生五毒，讓身體累積壞習性，增加身體的負能量累積。正邪就在一念之間，剋制邪念方能致聖。

二、身界的約束

人要想成道，身界的行為最重要。如若放縱，就會無所不為，而且破壞成性。不論有什麼好東西，一到身上準壞。身上嗜好一多，能累心下地獄，能非禮勿動，便可送人上天堂。會用身子，是成道之具、載道之器；不會用，是造孽的機器。

三、心是主宰

沒有嗜好，心才能作主。若是染成嗜好，心就失去主宰能力了，在心中明知不對，可是管不住自己的肉體，人慾來時，就沒法自救了。所以必須認清，身體是個胎生物，是幻假不常的，上壽不過三萬六千天，叫他累得萬劫難逃，實在可惜！所以絕不能叫他做主，只能叫他聽命，去立功立德。這樣把身子降伏住，他才不會為非作歹。

四、不良習性是孽

釋迦佛講《金剛經》時，王公大臣都執弟子禮，他為什麼還托缽入捨衛城乞食呢？就是不敢叫身子享福染成習性。因為，身上有多大的不良習性，就是有多大的孽。

第八節　五行相生

五行，是用木、火、土、金、水五個字代表來說的。

一、男子法天道運行

是木生火、火生土、土生金、金生水、水生木為順行。

二、女子法地道運行

以逆為順，木行水，水行金、金行土、土行火、火行木。

三、人的內五臟五行

為肝屬木、心屬火、脾屬土、肺屬金、腎屬水。

四、內五行相生由火起

火生土：心屬火，心火下降，心中坦然像太陽普照萬物，地氣上升與天氣相合，這是火生土。

土生金：土的陽氣上升為津液，能滋潤肺金，是土生金。

金生水：肺氣清，氣血變成陽水，陽水是腎水，這是金生水。

五行相生相剋圖

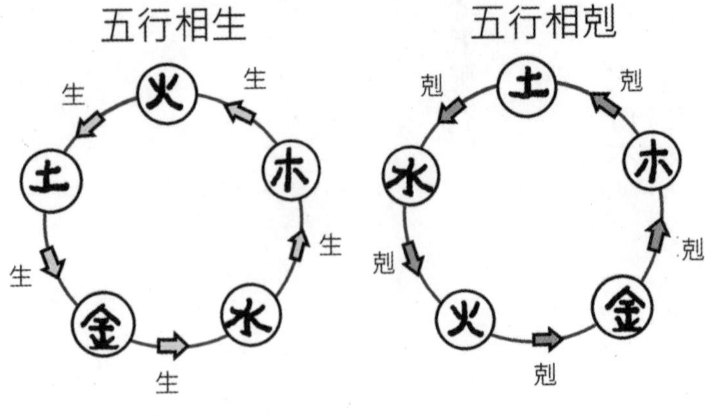

水生木：腎水充滿，元精積足，肝氣舒暢，是水生木。
木生火：木得水潤，肝氣平和，自然心火下降，是木生火。
五行圓轉，自然百病不生。

五、歸到家庭五行

木生火：上孝父母是木生火。
火生土：立身行道，光宗耀祖是火生土。
土生金：為子孫培德是土生金。
金生水：聽從母親的話，殷勤工作，是金生水。
水生木：母親愛護長子，是水生木。
五行圓轉，家道必昌。

六、歸到社會上

木生火：做事守本分、盡職責，天命必長，是木生火。
火生土：尊重長上、服從指導，是火生土。

土生金：立住信用，辦事通暢，是土生金。

金生水：立身行道，培育人才，是金生水。

水生木：智慧增長，作事勝任愉快，是水生木。

五行相生忘剋，心平氣和，五行自然順行。心性平靜，不被事物動搖，才是頂天立地，替天行道的人。

七、男子若是木性人（以木性男舉例）

第一步順運：有真主意，愛人愛物，做事從容中道，不著急不上火，這是仁德木生出明理火，第一步順運。

第二步順運：再能明理達時，虛懷若谷，虛心的人，事情做壞，會反省己過，不抱怨別人，能明理不怨人，能原諒人，信人不疑，這是明理火生出信實土來，走上第二步順運。

第三步順運：陽土性人，厚道寬宏大量，遇事能找人好處，有義氣，準有人緣，這是信實土生出響亮金，第三步順第四步順運：金性人義氣大，人情圓，遇事做錯，自己認不是圓情，認不是生智慧，這是響亮金生出智慧水，第四步順運。

第五步順運：水性人有智慧，性柔和，和人合眾，博施濟眾，且同情他人，愛護人，這是智慧水生出仁德木，是第五步順運。

人走兩步順運主富，三步順運主貴，四步順運為賢，五步順運為聖。

八、女子若是木性人（木性女舉例），女子以男子逆運為順運

第一步順運：水是木的母，所以木性女子，有真主意，愛人愛物，柔順待人，有理不爭，有錯自己認，是率到真水上去了，木得水的滋潤，這叫歸根認母，是第一步順運。

第二步順運：真水性人，性情柔和，能認不是，有智慧，準能找人

的好處有義氣，是水行到金上，第二步順運。

第三步順運：金性人，人情圓，真有義氣，遇事能委曲求全，寬宏大量，像土地能載萬物，承納萬汙，這是行到真土上，是第三步順運。

第四步順運：土性人厚道、寬宏，遇事不順不怨人，不怨人真明理，自能守禮守分，這是行到真火上，第四步順運。

第五步順運：火性人能安分守禮，不被外物所引誘，才有真主意，這是行到木上，第五步順運。

五行圓轉，內不傷己，外不傷人，就是真仁德。

第九節　五行相剋

人的天然本性，本來有生無剋的。一落後天，被氣稟所拘、物欲所蔽，就走上剋運和逆運。研究五行相剋：木剋土，土剋水，水剋火，火剋金，金剋木。生則發旺，剋就受傷。

一、木剋土

陰木性人：自以為是，不服人，我見太深，更好抗上，又直又硬，出言頂撞，容易虧孝道。所以說：「木剋土，不孝祖，先去母」。在本身上講，陰木性人好動氣，土性又死板固執，將怨氣全悶在心裡面，脾經受傷，消化不良。所以說「木剋土，胃發堵」。若以倫常說，輕則把父母剋病，重則剋死。就是小孩犯木剋土，也看得出來，從小就不聽父母的話，打死也不肯聽話配合。這種性子的小孩，多缺爹少娘，本身也會患胃病。這全是木剋土的毛病。

變剋為生：平常心存孝念，遇事才有主意，不越禮犯分，自然不耍脾氣，就明理了。木去生火，便相生忘剋了。要是女子犯木剋土，要往水上行，認不是生出智慧來，便木行水了。

二、土剋水

陰土性人：固執又死板，心狹量小，遇事看不開，好生悶氣。水土合泥，分不清是非。心中難包容，憂慮發煩，臉色黃裡透黑，精神萎靡不振，煩人傷腎，虧損元精。對於倫常上，少年剋母，中年剋妻，子女不旺，環境不順，這是土剋水的毛病。

變剋為生：心要存家人的好處，遇事不隨心，想起平素的好處，就能用大義包涵過去了。這樣行久了，生出金來，就走順運。女子要向火上行，能真明理，自然不煩人了。像陰土被太陽一曬，自然溫暖鬆疏了。

三、水剋火

陰水性人：愚魯不達，心眼慢，欲進又退，還想要好，外表柔和，心裡急躁，面色黑紅發暗，心經受傷，心神不穩，心熱、心跳、患心臟病症。在倫常上，幼年剋父，女子中年剋夫。

變剋為生：得認不是，時間長了生出智慧水來，遇事就有主意。水去生木，相生忘剋，就順過來了。女子要找人好處，水向金上行，就活潑響亮了。

四、火剋金

陰火性人：又急躁，好爭理，主貪，愛出風頭，什麼事都想管一手，好說人短處，就是火去剋金，面色白裡透紅，肺經受傷，容易得肺病，常感冒咳嗽。家裡傷財、剋子女。所以說，火剋金，愛操心，不喪錢財傷子孫。

變剋為生：得學寬宏大量，相信別人，火去生土，就不剋了。女子要有主意，不去貪爭，生出愛人愛物的心來，火去行木，就不剋了。

五、金剋木

陰金性人：好說人陰私，訐人缺失，暗箭傷人，說話刺激人，自鳴得意。遭人反擊時，又不服氣，內心中分辯不已，總是糾結，就是金去剋木。面色青裡帶白，肝經受傷，肝氣不舒，易患肝病。對倫常中人，剋弟兄，多災多難。

變剋為生：能認不是，金去生水，自然不剋了。女子要往上行，學寬厚容人，就是金行土。如能應剋不剋，應逆不逆，內則身體健康，外則逢凶化吉，這是人定勝天的妙法。

第十節　五行逆運

順則吉，逆則凶。若是男人走女運，女人行男運，便是逆運。人是什麼性，就有什麼命。若想逢凶化吉，就得學會率性。所以說，應剋不剋是神，應逆不逆是仙。首先研究五行性，是怎麼走逆的？

一、男子若是陰木性

一步逆運：沒有主意，遇事退縮，看什麼都不對，心裡總發煩，這是木逆水，變成陰水性人，第一步逆運。

二步逆運：變成陰水性人後，面帶愁容，優柔寡斷，當做的不做，令人著急，所以木逆水的人剋妻。既無能力做事，時常不說正經話，遇事斤斤計較，一點虧也不肯吃，總是令人看不起，這是水又逆金，轉到陰金性人了，兩步逆運。

三步逆運：陰金性人，喜好爭論，疑心病大，信不著人，做錯事嫁禍與人。金又逆土，又變成陰土性人，三步逆運。

四步逆運：陰土性人，固執死板，又不信人，好往外怨，還自以為沒錯，還想讓人誇獎，這是又逆到火上，轉到陰火性人，四步逆運。

五步逆運：陰火性人，好高愛好，又爭又貪，不肯安分，瞧不起人，自是心強，目無法紀，心無天理，怒氣一生，橫眉豎目，如凶神一般，殺人放火，毫不畏懼，這是陰火逆到陰木上，五步逆運。

二、女子若是陰木性

一步逆運：女子以柔和為本，才能養育萬物，要是木性女子，性情剛強，看不起人，又好出風頭，好爭好貪，嫌男人沒用，搶權主事，女奪男位，輕則男人遠走他鄉，重則把男人剋死。所以女子木火性，行到陰火性人了，多離婚、守寡，是一步逆運。

二步逆運：陰火性女子，說話張狂，不明理，又好挑理，好欺壓人，不順心就怨東怨西，是走到陰土性上，變成陰土性人了，第二步逆運。

三步逆運：陰土性人，不信人，再好說假話，輕狂賣俏，寡廉鮮恥，這是土行金，變成陰金性人，三步逆運。

四步逆運：陰金性女子，好吃懶做，入於下流，為非做歹，走到陰水上，成了陰水性人，四步逆運。

五步逆運：陰水性人，再膽大妄為，天不怕、地不怕，母老虎一般，這是水行木，五步逆運。

一步逆運主貧，兩步逆運主賤，三步逆運是鬼，四步逆運是妖，五步逆運是混世魔王。俗語云：種瓜得瓜，種豆得豆，心存什麼，身做什麼，性子也就變成什麼樣。妖魔鬼怪，聖賢仙佛，全憑自己選擇，活著是什麼性，死後就成什麼。可惜人只顧向外去看別人的是非，不知向內省察自己的心性。豈知存什麼心，做什麼事，就成個什麼性。正住心，自然走上光明正道。

第十一節　五行圓轉

一、五行運用

若運用得好，能超出氣數。這是後天返先天的竅妙。全靠自己的存心，支配口、眼、耳、鼻、舌不染嗜好，守住自身的賊門。若不從身上入手，一旦染成習性，便連累得意念歪曲。肉體添一分嗜好，心房加一分氣稟，便遮蔽一分良知，喪失一分良能。種上煩惱的種子，容易耍脾氣。內傷身體，外傷人緣，苦惱無邊。若想根絕這種毛病，就得以天性為主，好好運用五行。

二、五行性的根

五行性的根本是木，木主元性，木性屬仁。
木生火：愛人愛物，敬人明理，明理是陽火，這就是木生火。
火生土：敬愛他人者，必真誠，真誠是陽土。火又生出土來。
土生金：土主信實，厚德載物，對人準有義氣，大義為金，這是土又生金。

金生水：仁、禮、信、義，行到圓滿，智慧內生，金又生出水來了。

又生金。

水生木：運用智慧，行仁統四端，兼萬善的，水又生木。

把仁、義、禮、智、信行真，自然五行圓轉。

三、不能圓轉，稟性作崇

陰木性人：不服人。

陰火性人：目中無人。

陰土性人：有己無人。

陰金性人：好捉弄人。

陰水性人：討厭一切人。

四、五行偏離

五行走陰了，怒、恨、怨、惱、煩用事，只知有己，不知有人。一旦得勢，不顧雙親。為求新歡，遺棄妻子。對弟兄玩手段，對朋友打主意。不論任何親人，不隨己意，就生仇恨心，講報復，動武力，殺害洩忿。

五、五行修正

要想變化氣質，必須先去習性。人有身子，就會有嗜慾。告子說：「食色，性也。」不可過分。先工作後享福，抱定忠恕的心，己所不欲勿施於人，就不至於染上過度的嗜好。

六、君子愛財

取之有道。靠正當方式賺來的錢，用著才心安，再能用的恰當，還可創造更大的妙用。例如，想進餐廳時一想父母沒有吃，便買些食物回家，既孝親又全家享受。由近及遠，能孝親的人，也能愛人。

七、行仁是德

能存仁心，怒氣自然不生，陰木性就化了。看見別人的女人，愛慕時，回想一下，假如別人要愛自己的愛人，自己的心裡也會不願意，即不可胡思亂想，就明理了。明理才能守分，夫婦和，上孝老人，下生貴子，才能享受著家庭的幸福。

八、禮能養心

以禮養心，恨氣自然不生，陰火性便化了。遇別人做錯事，一想誰不願意把事做好呢？一定事出有因，就能原諒人，生出信實土。信能養氣，不怨人，陰土性就化了。親友對不住自己，本想向他說理，心中只要一想，人非聖賢，孰能無過，他雖不仁，但我有義，大義包涵，義氣大。能這樣想心就放下了，也就不惱人，陰金性就化了。

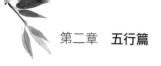

九、討厭別人時

心想必是自己的性子不好，自己一定有疏忽的地方，處事哪能全隨自己的心意呢？認不是生智慧水，智慧能養精，煩水自消，陰水性就化了。所以心存倫常道，是化性的無上妙法。自能持其志，勿暴其氣。

第十二節　五行性反躬自問

木性人：自問有仁德心嗎？有我見嗎？有無不服人嗎？有無看他人的毛病嗎？如不服人，專看別人的缺點，就容易動怒氣，怒氣就傷肝。

火性人：自問有明理嗎？有沒有貪、爭的心呢？著不著急？有沒有上火？為了虛榮、面子著急，上火就要恨人，恨人就傷心。

土性人：自問有信實沒？有沒有疑心病？度量大不大呢？量小就好怨人，怨人就傷脾。

金性人：自問有義氣嗎？是不是喜歡計較？是否常常說假話？對人

好計較好虛偽，笑在臉上，惱在心裡，表裡不一，惱人就傷肺。

水性人：自問有智慧嗎？能否自認不是？是否好煩人？煩人就傷腎。常自反省，有毛病，趕快去掉。

認不是生智慧水，找好處生響亮金，不抱屈生明理火，不後悔養仁德木，不怨人生信實土。時時認自己的不是，處處找別人的優點，不抱屈、不後悔、不怨人，自然陽長陰消，稟性自然化了。所以說，找好處開了天堂路，認不是閉上地獄門，古人修道，現代人不用修，把自性裡的五毒—怒、恨、怨、惱、煩去掉就成了。

第十三節　五行參考

一、金旺得火，方成器皿；火旺得水，方成相濟；水旺得土，方成池沼；土旺得木，方能疏通；木旺得金，方成棟梁。

二、金賴土生，土多金埋；土賴火生，火多土焦；火賴木生，木多火炎；木賴水生，水多木漂；水賴金生，金多水濁。

三、金能生水，水多金沉；水能生木，木盛水縮；木能生火，火多木焚；火能生土，土多火埋；土能生金，金多水濁。

四、金能克木，木堅金缺；木能克土，土多木折；土能克水，水多土流；水能克火，火多水熱；火能克金，金多火熄。

五、金衰遇火，必見銷融；火弱逢水，必為熄滅；水弱逢土，必為淤塞；土衰遇木，必遭傾陷；木弱逢金，必為砍斫。

六、強金得水，方挫其鋒；強水得木，方泄其勢；強木得火，方化其身；強火得土，方止其焰；強土得金，方制其害。

天地萬物講求平衡，物極必反。五行的運用，也是依循自然法則，數小易滅，數大成災，中庸之道，萬物平衡。人與人相處，亦是如此，五行生剋，自然為用，能拿捏適度，必定有成，若是失衡，必定成災。

有伯樂才有千里馬，天生我才必有用，天生好材怕不會使用，終究還是埋沒了。

—第三章—

講病

第一節　講病先知病

病分為「內五行」及「外五行」，負能量影響的器官與位置各有不同：

身體器官對照表

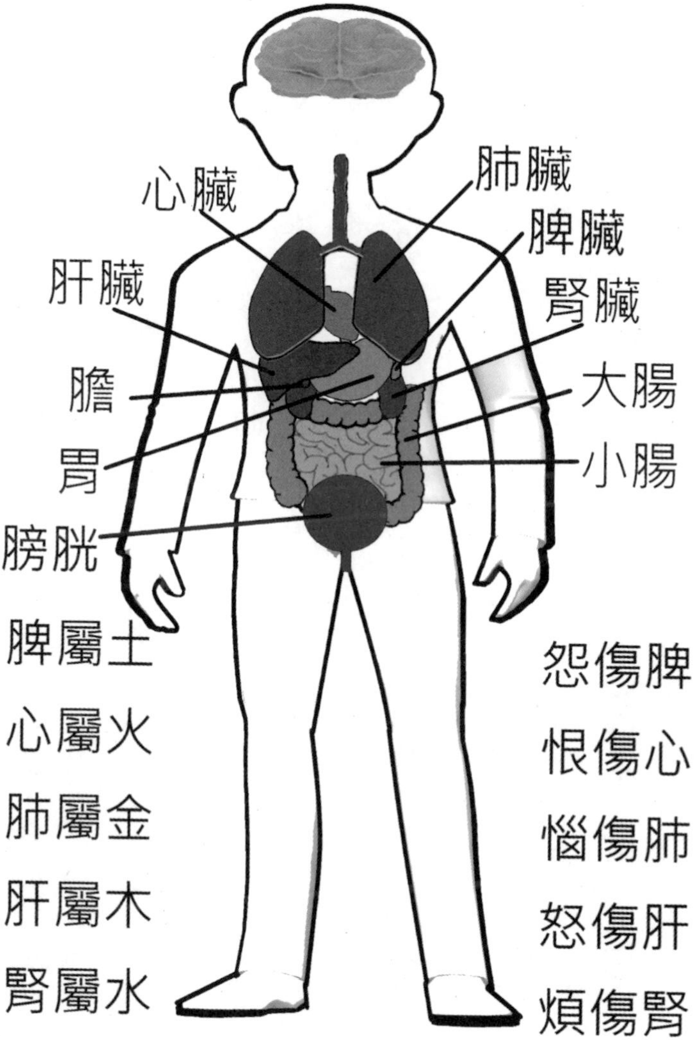

人體內視圖

內五行（如圖所示）

內五行包括五臟為陰、六腑為陽，負能量的累積，會導致這些器官生病，不可不察。

五臟：心、肝、脾、肺、腎，易理中實的屬陰，女人屬陰，五臟負能量累積，大部分跟女人生氣上火有關。

六腑：膽、胃、大腸、小腸、膀胱、三焦，易理中空的屬陽，男人、長輩、領導屬陽，六腑的負能量累積，大部分，與這些人，生氣上火有關。

女人專屬：乳房、子宮、卵巢，負能量的累積，與不會當女人有關。

一、怒氣傷肝

引發頭迷眼花、耳聾牙疼、眼歪嘴斜、手腳麻木、胸肋乳腺病，嚴重者導致中風、半身不遂、肝腫瘤等。這股怒氣的負能量，毒素會儲存到人周身的「筋」，往外排時候，毒的味道是「酸」的。

二、恨意傷心

氣火旺，恨人傷心，導致心臟相關疾病，胸悶、心律不整、心臟瓣膜病變、心肌梗塞、呼吸中止症、先天性心臟病、吐血、癲狂失語等症狀。嚴重時候，精神失常錯亂。這股恨意的負能量，毒素存在「血液」裡，往外排的時候，毒的味道是「苦」的。

三、惱人傷肺

惱人就是忌妒人，還常尋思他人的不對。所以說忌妒人容易傷肺，容易引起氣喘、咳嗽、肺虛、肺炎、肺結核、肺癌、皮膚病等症狀，這股惱人的負能量，毒素會儲存到人肺的「經絡」中，與周身的「皮膚」裡，往外排的時候，毒的味道是「辛辣」的。

四、怨傷脾胃

會導致膨悶脹飽，食不知味、胃酸過多、厭食症、胃炎、胃潰瘍、十二指腸潰瘍、胃癌等症狀。這股怨氣的負能量，毒素會儲存到人體的

「肉」裡，往外排的時候，毒的味道是「甜」的。

五、煩人傷腎

容易引起腰痠腿疼、肚腹疼痛、腹膜炎、水腫、腎炎、腰椎結核、腰椎間盤突出、骨頭壞死、糖尿病、子宮肌瘤、子宮頸病變、卵巢病變等症狀。這股煩人的負能量毒素，會儲存到人體「骨髓」裡，往外排的時候，毒的味道是「鹹」的。

六、什麼個性生什麼病

有什麼病，就知道病因在哪，一悔罪消，翻出良心，去除稟性，才有機會好病。病是吃氣長大的，靠情緒在生存的，人最難理解的是，為何會犯這樣的病？所以，知病才能預防生病，知病才能知過，知過才能改過，改過才能好病。

外五行（如圖所示）

身界外五行

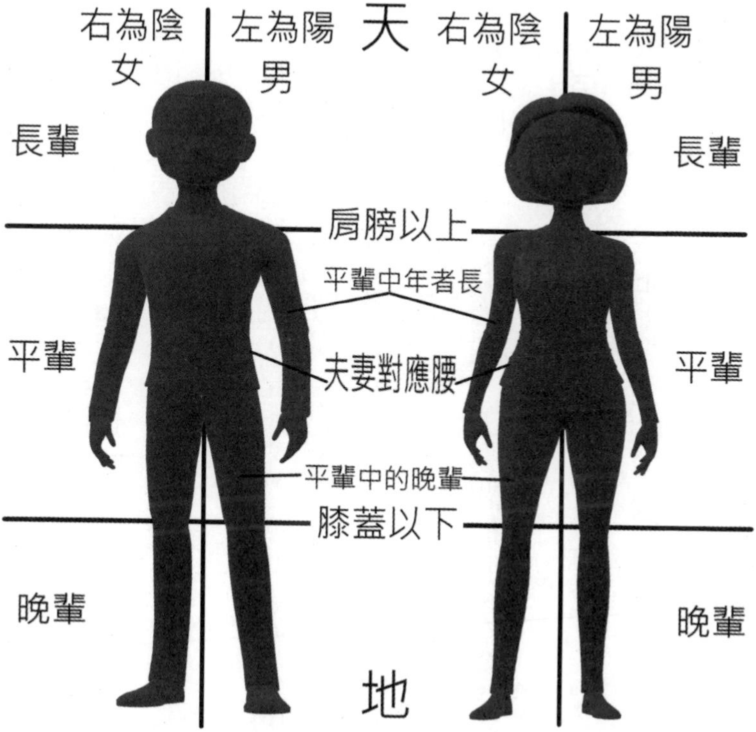
右為陰
女
左為陽
男
天
右為陰
女
左為陽
男
長輩
長輩
肩膀以上
平輩中年者長
平輩
平輩
夫妻對應腰
平輩中的晚輩
膝蓋以下
晚輩
晚輩
地

外五行分陰陽，從中間畫條線

左邊為陽：與男人相關，左邊的病，是跟男人生氣得來的。
右邊為陰：與女人相關，右邊的病，是跟女人生氣得來的。
肩膀以上：肩膀以上的病，是跟父母長輩長官、先生，生氣得來的。

中間身體：軀幹的病，是跟平輩，生氣得來的。
上肢部分：是跟平輩中年紀大的人，生氣得來的。
大腿部分：是跟平輩中年紀小的人，生氣得來的。
膝蓋以下：膝蓋以下的病，是跟晚輩生氣得來的。
夫妻之間：夫妻對應腰，夫妻間彼此生氣得來的。

一、頭上的病

是跟長輩生氣，犯上得來的，對長輩暗地抱怨，發脾氣不高興，火氣大，也會導致頭部上火，頭部上火還分左右，左邊是跟男長輩得的，右邊是跟女長輩得的；還分前後，在面前是明著幹而得的，在後面是暗地裡生氣得的，狀況不同，生氣生病的位置，也會所差異。

二、肩膀上的病

是管東管西得的，什麼事情都要管上一腳，不該管而管、不該挑而挑，導致自己身心壓力過大，才犯的病。

三、四肢上的病

上肢是跟哥哥、嫂嫂、姊姊、姊夫等，平輩中年紀大的，生氣得來的。大腿上的病，是跟弟弟、弟媳、妹妹、妹夫等，平輩中年紀小的，生氣得來的。

四、膝蓋以下的病

是跟晚輩生氣得來的，如兒女、孫子輩、員工下屬等。老人晚年喜好管教、憂愁子女，容易生氣、傷氣，導致腰部以下及雙腳無力。

五、夫妻對應腰

「公說公有理、婆說婆有理，夫妻爭理氣死你。」夫妻鬧情緒，誰生氣發火誰傷身，誰生悶氣誰生病，仔細觀察社會上夫妻，生悶氣容忍的一方，都是先發病的一方，可見生悶氣，對身體的殺傷力，有多麼的大。

六、急火傷身

個性急的時候，一股負能量往上升就上火，生悶氣的時候，一股氣往下沉就是寒，寒熱都會傷性傷身，沒有內陰不染外果，是一般人很少注意到的。

第二節　知病先看臉

一、男女有別

以頭部中央劃一線，左為陽與男人有關，右為陰與女人有關。

二、上下區分

兩眼中間水平劃一直線，上方是看長輩的不是，下方是看平輩、晚輩的不是。

三、內外不同

兩眼中間垂直線內範圍代表家人，往外代表外人或公司同事、陌生人。

臉部五行辨識圖

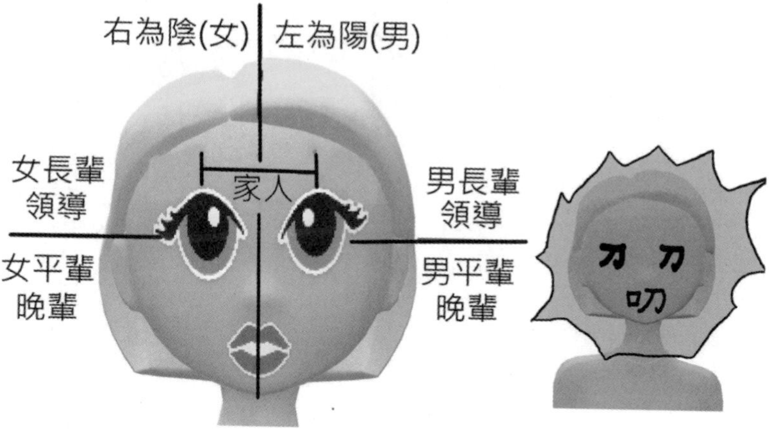

四、天性不明

眼神空洞，看似神韻不足，是嫌棄長輩引起的。因抗上，所以犯天性不明，多數是嫌棄父母。嫌棄父母者，運勢一定不好，常說父母是子女的財神，得罪財神怎會有好運呢！典型的症狀為脾氣差、行為難以自主、果斷力不明、歇斯底里等，這是怨恨父母導致存陰的結果。

五、眼睛周圍

眼袋及黑眼圈，是常看別人的不是，嫌隙怨恨別人引起的，偏鼻子上方兩眼內側，是看自家人的不是引起的，偏兩眼外部，看外人的不是引起的，眼壓高，導致眼壓凸，是常看人不是，生氣上火引起的。

六、顏色區分

怨恨惱怒煩，都會在臉部留下足跡，木性人臉部偏青色、火性人臉色偏紅、土性人臉色偏黃、金性人臉色偏白、水性人臉色偏黑，現代人普遍都容易生氣，所以都有火性的特質。

—第四章—

談善惡

第一節　想通

必要之善：為了生存，必然需要之行為，屬必要之善。例如：進食需求。

必要之惡：為了健康，必然之嫌惡措施，屬必要之惡。例如：排泄動作。

真善之善：不惜代價，犧牲性命，不求回報，屬真善之善。例如：父母之愛。

真善之惡：望子成龍，望女成鳳，為了生存，逼迫學習，面臨險惡之境，大自然動物最常見，這是真善之惡。例如：強迫渡河，學習生存。

真惡之善：為達一己之私目的，釋出善意為手段，最終目的為陷害。例如：詐欺利誘，目的為己牟利。

真惡之惡：自私之目的，不擇手段，威脅恐嚇，強迫低頭，屬真惡之惡。例如：搶取豪奪，占為己有。

非善之善：非真心之善，有目的而為之，結果仍屬善，為非善之

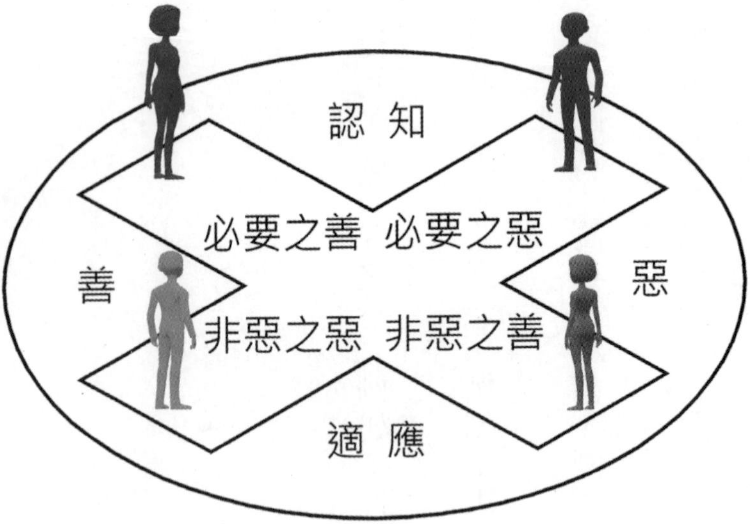

善可善非常善...惡可惡非常惡...善出惡相隨...惡出善自來

善。例如：為了打擊主要敵人，施捨給次要敵人。

非善之惡：心中有怨恨，故意而為，屬於非善之惡。例如：教訓、報復，為了出一口氣。

非惡之善：純粹善意，無目的，不求回報，屬非惡之善。例如：埋名資助窮人。

非惡之惡：出發點無惡意，過程卻得造惡，屬非惡之惡。例如：撲滅害蟲。

無心之善：非故意為之，無利他之意，無助人之心，但卻出現了好結果，屬於無心之善。例如：無心插柳柳成蔭。

無心之惡：無害人心，無漠視之意，非故意而為，陰錯陽差而害之，屬於無心之惡。例如：不殺伯仁，伯仁因此卻受害。

一、善惡概念

把事情想通就是善，把事情想成負擔就是惡，善惡本在一念之間。

道若自然，善就是活的，不自然善就是死的；道若自然惡就是善的，不自然惡就是罪了。天地本自然陰陽相生，萬物循環本是無極，善所以為善，是因為有惡；惡所以為惡，是因為有善；善若死惡不存，惡若死善也不能活，所以善惡一體。

二、善惡唯心

道德經曰：「道可道非常道，名可名非常名。」所以也可說，「善可善非常善，惡可惡非常惡。」把事情想通，善惡的本質就出現了；善惡一體兩面，善即是惡，惡即是善，受想行識，把事情想通度一切苦厄。

三、善惡無極

動物的排泄物，是身體消化後的廢物，對動物本身是嫌棄品，是必要之惡，對植物而言，是重要的肥料，是生存必要之善。植物有養分，結了果實，被動物當成食物，果實又變成動物的必要之善了。自然之道生生不息，善惡是自然的，不同的立場，善惡的角度立即相左對立，卻又是相生一體。人的行為也一樣，所以面對善惡，三思而後行。

四、善惡循環

當陰陽不自然時，善惡若亂了套，道也就死了。舉例來說，就如把排泄物從農田移走，植物沒了肥料失去養分，無法存活而死，也不結果了，動物沒果實吃，也餓死了，動物之惡（排泄物）沒了，植物之善也沒了，動物之善（果實）也沒了，這個自然，就停止了循環，所以善惡也消失了，善惡存在一念之間。

五、善惡互利

人非聖賢，誰沒有必要之惡！因為骯髒會臭，所以馬桶業活了；因為知識不足，所以老師活了；因為身體會生病，所以醫生活了；因為想更美麗，專櫃人員活了；因為有嫌惡的行為，所以各行各業活了。切莫因為自己活了，就想開始嫌棄肥料，這樣不也等於斷自己生路嗎？意思是說，飲水思源，不可過河拆橋。

六、惡本天生

人非聖賢熟能無過，沒人能完全不被「嫌惡」的，只是被嫌惡的方式不同，所以嫌惡別人，就等於嫌惡自己。

七、善惡拿捏

肥料不足，無法正常結果；肥料過多，植物也會枯萎。每個人都是對面人的養分，如何下料？該下多少？自己決定。每個人都需要養分，能吸收多少也是自己決定，把我見當成肥料？還是當成嫌惡品？都是自己的選擇，所以說把事情想通就是善，把事情想成負擔就是惡。

八、善惡難分

知善才能為善，知惡才能避免造惡，把事情想通能為善，把事情想成負擔惡自來，善惡面面皆不同，我善未必是彼善，彼惡未必是我惡，善惡一念間，萬法唯心造。

第二節　知善惡

不善之心藏不善之惡，小善之心蒙小惡，大善之心蒙大惡，必有反撲，不善不惡之心不蒙善惡，自是如來。

一、知善惡先懂能量

什麼是正能量？什麼是負能量？把事情想通能為善，是正能量；把事情想成負擔而造惡，是負能量。負能量的最大根源，就是無知。缺乏正向思考能力，把事情往負面打結，成了人積己積，人溺己溺的苦海。所以覺得正知正覺，才能孕育正能量，不知不覺，會造下無邊的苦海。知善惡，才能正自己人生。思考善惡，不知善難為善，不知惡常造惡。

二、善惡思考

什麼是善？什麼是惡？做事合乎道理就是善，悖乎道理就是惡，把事做好就是善，把事做壞就是惡；存心公就是善，存心私就是惡。

合乎誰的道理？公說公有理，婆說婆有理，夫妻間講道理氣死你？該講道？還是該講理？該講誰的道？該講誰理？是講理還是爭理？

什麼是做好？什麼是做壞？好壞如何區分？把誰的事情做好算好？以誰的標準算是做壞？

公私如何判定？百人跟九十人相比，哪一方算公？哪一方算私？

時時自問，把事情想通就是善，把事情想成負擔就是惡，在心想如何面面俱道，日子久了，也就通了。

三、世上三大惡人

一等惡人：盜賊不算在內。講道不行道，知過不改，是第一等惡人。

二等惡人：吃點虧心裡就難過，占點便宜，心裡就高興，是第二等三等惡人：非分的事，知道不可得而念念不忘，非法的事，知道不可做，卻偷偷地去做，是第三等惡人。

此外，有人誇獎，心裡就高興，受人批評，心裡就不快樂，占了便宜就樂，吃虧就生氣，都不是好人。

四、家庭三大惡人

一等惡人：最和善的臉色對待外人，最嫌惡的臉色面對家人，是第一等惡人。

二等惡人：最寬容的心留給外人，尖酸的態度對待家人，是第二等惡人。

三等惡人：自己做不到的事情，無理要求家人恪守，是第三等惡人。

犯一惡，家庭氣氛差；犯二惡，令人提心吊膽；三惡全犯，妻離子散。要時時提醒自己，傷害家人、傷害自己都是惡人。

五、家庭超級惡人

父母情感不和，總是鬧情緒，時常打電話向子女抱怨、投訴、要求轉話，這屬於「超級惡人」了。夫妻情緒不穩，造成子女左右為難，還不聽勸，子女站哪邊都是不孝，不站在哪邊，也是不孝，牽纏是不孝，不牽纏也是不孝，一代影響一代，氣稟性代代影響，代代受害。

外面的惡人尚可躲，法律可制裁，父母不成熟的情緒，代代相殘，根本無法躲，這不是超級惡人嗎？若是子女，因父母時常吵架鬥嘴，而害怕婚姻，因此都不敢結婚成家，那豈不是，所謂的絕子絕孫嗎？這不是有損祖德嗎？

六、惡的擴散

父母鬧情緒，打電話跟子女投訴，在父母方面，情緒可以稍微獲得紓解，但投訴一次，就讓自己累積一次負能量，投訴越多，累積越多，負能量越多，日後病根越深；在子女方面，每投訴一次，就給子女灌五毒一次，投訴越多，灌的越多。這個毒素，會存在子女的三界中，毒素越多，遺傳給子孫越多。遇到有良心的子女，或許還能抵擋時日，遇到定力不夠的子女，便是立即身心殘害，這股怨氣，已經存在子女身上，慢慢滲透到肌肉組織，抵抗力弱時，就會開始發病。

七、先善自身

若想做好人非常容易，你看別人做的事，良心上過不去，自己不那樣做就好了。把自己修治好，天下就好了，因為自己好了，走到哪兒就好到哪兒。一個人便是一個世界，自己好了，就是好了一個世界。別人好不好，是別人的事，不要替對方著急，自己好不好，是自己的事，我好了對方就不得不好，再不好，自然就會被換了。

第三節　知天道

合天道為善、悖天道為惡

一、天的聲音

人做事要先聽聽天的口氣，眾人贊成的就合天心，眾人反對的，便違天意，誰說天不會說話？

二、與天相處

做事不可虧人，虧人就是虧天。
做事不可欺人，欺人就是欺天。
做事不可疑人，疑人就是疑天。
對天不敬者，運勢不佳，你不信天，天就不保佑你。

三、天心天意

想見天心，先看眾人的心；想聞天言，先聽眾人的話；想知天意，先察眾人的意。眾人就是天，說話要憑天理，作事要順人心。人若抱屈就是怨天，人若循私就是違天，人若養性就是事天，這叫天人一貫。

四、瞞天欺地

小人做事好欺天，因為他背着人，唯恐人知，終歸瞞不了人，就是瞞不了天。欺了心就是欺了地。

五、天的賞罰

如果有一個忤逆不孝的兒子，打自己的爸媽，並沒打別人的爸媽，可是人人都恨他，這正是天恨他。再如果一個孝子，孝順自己的爸媽，並沒有孝順別人的爸媽，可是人們全敬他，這是天敬他。罵人、打人的人，眾人必定不喜歡他。被罵的人，被欺負的人，眾人一定憐憫他，這正是天心發現處。人和天是通着的，合乎人道，就是合天道。順天天就應，逆天就降災。若以為天道不可靠，是不知天。以天命為主的是對天算賬，人若信天，天絕不負人。若是信不着人，就是信不着天。你不信人，人也不信你。

六、天的規範

天道就是眾人的道，信着眾人就是信着天了。人要能對天辦事，對天說話，對天算賬，依照天理去行事，才合天道。人若要學好，眾人就要管你，不是眾人要管你，是天要管你。學道的人要注意，天要管你，你可不要生氣呀！

七、與天接觸

人得天道，才能享天福。天道雖遠，知天很難，可是縮回來，知性是最近的路。性中有天，命就是人，知人知性就是知天，何必遠求呢？人為什麼要研究天呢？因為與天道不合，離開天了，不是任性，就是怨人，所以才招災生病。

八、天地代表

道生天地，天地生人，人得天地的靈，是天地的代表。雖然天不會說話，但人能說話；雖然地不能做，但人能創造。天地就是我，也就是道。萬物都是我的，也不是我的。人和天地一般大，若能以天地為心，就和天地是一體，才能和天地相通，就是所謂的「善必先知之，不善必先知之。」人被物慾所蔽，才會和天地不通了，所以禍來不知道，德來了嚇一跳。

九、天人合一

一是天的道，誠是天的心。盡性就是事天，盡一分性，就能知一分天；誠一分意，就知一分心，就長一分天理，就除一分慾；盡性盡到極點，就能和天是一體了！人能得着天道，就算和天「接碴」（接靈）了。要知進知退，沒罣沒礙，才能「無入而不得」與天地同體。道是天道，人人都有，並沒有離開人。因為人是「天」生的，什麼時候求，什麼時候應，什麼時候用，什麼時候有，天並沒有把人忘了。

十、不同眾人的道

眾人是天，千人是天，百人也是天，不同的眾人有不同的意見，也會有不同的天心，每個天都會有個代表，傷害天的代表就是傷害天，也就是傷害眾人，遲早會降災。誰說上游暴雨，下游又豈能無災呢？

第四節 不怨人

不怨人就是善

一、天堂與地獄的距離

怨人就是苦海，越怨人心裡越難過，不是生病、就是招禍上身，不是苦海是什麼？管人是地獄，管人一分別人恨一分，管人十分別人恨十分，不是地獄是什麼？反過來，引領人的，才能了人間債，盡了做人的道。能度人的就是神，能成人的就是佛。

二、毒素來源

君子求己，小人求人。君子無德怨自修，小人有過怨他人，嘴裡不怨心裡怨，越怨心裡越難過，怨氣有毒，存在心裡，不但難受，還會生病，等於是自己服毒。人若能反省，找着自己的不是，自然不往外怨。你能，不怨不能的；你會，不怨不會的，明白對面人的道，自然就不會怨人了，不怨人才能排除毒素，遠離負能量。

三、意念成疾

現今的人都因為別人看不起自己就不樂。好就是好，歹就是歹，管別人看得起看不起呢？只是一個不怨人，就可以解脫成佛。現在精明人都好算賬，算起來不是後悔，就是抱屈，哪能不病呢？

四、讀書明理

讀書人屬金，金主開闢，人人都有讀書，古今中外皆可研究，是最明理的人，絕不許怨人。別人不明理，是自己沒把對方教化明白，怎敢怨人呢？

五、火主明理

當官的人屬火，火主明理，明理不怨人。百姓不好，怨自己沒有治化好，怎敢怨人呢？

六、德不配位則反

善人不怨人，怨人是惡人。賢人不生氣，生氣是愚人。富人不占便宜，占便宜是貧人。貴人不發脾氣，發脾氣是賤人。

七、沒資格怨人

不怨人三個字，妙到極點啦！不是不怨人，而是沒資格怨人，除非自己沒犯過錯；就算自己沒犯過錯，怨人就是犯錯，所以也是沒資格怨人。

八、改善方法

跟自己懺悔【對不起，我不該抱怨別人，都是我的錯】，每天累積唸一百次以上，三週即可化性。

第五節　不生氣不上火

不生氣、不上火就是善

一、氣火逆剋

火逆的多惱栓（腦血管阻塞），氣逆的多吐食。要能行道、明道，氣火就都消了。

二、氣火成傷

上火是「龍吟」，生氣是「虎嘯」，人能降伏住氣火，才能成道。

有人惹你，你別生氣，若是生氣，氣往下行變成寒。

三、著急傷身

有事逼你，你可別着急，若是着急，火往上行變為熱。有人惹你，你別生氣，氣往下走就是寒，寒熱都會傷人。修行人遇好事能不喜，遇壞事也不愁，氣火自然不生，就是「降龍伏虎」。

四、氣火無常

氣火是兩個無常鬼，能把他們給降伏住，把火變為金童，把氣變為玉女，自己就成佛了。被人惹得生氣，氣變為寒，被事逼得着急，急便是火。不能自主的就不能自了，就會輪迴不斷。

五、降龍伏虎

稟性（脾氣）一動就是火，私心一動就是氣，氣火動就會傷人。古人說「降龍伏虎」的觀念，就是把「氣火」制住。真能制住，身界還有不成的嗎？生氣說話逼人，上火說話傷人。若能時時省察，常常涵養就能「明哲保身，和氣生財。」沒有過不去的時間，只有過不去的心，沒有過不去的梗，只有不放下的思緒。

六、心不住塵

修行人常說：「一塵不染」。以一切不着住才是「一塵不染」，就是金剛經說的無住心，應無所住而生其心。若是遇著不如意的事情，就動了稟性，發起脾氣，不順遂的事就動心，起了怨煩之意，正是「染塵」啦，氣火住進了身體裡，負能量增生了，三界立刻受到汙染，害己也害人，真是得不償失。

七、剋住氣火

生氣是負能量，急火是負能量，誰使你不樂？就是它們兩個，志能化他們的火。火是由心裡生的，人心不動就不生火。一着急，火就往上升，一動念，火向外散就能傷人。若能定住心，火自然下降。若不守本分，額外貪求，火就妄動。若能把心放下，不替人着急，就不起火，該有多麼輕快！

八、氣火皆傷人

動性是火，心裡生氣才是氣。佛說「七處心燈」，不如掐死心的那一頭，人心一死，道心自生。人心一動，道心自滅，爭貪念頭就生出來了。因爭而生氣，因貪而上火，氣火攻心，整天煩惱，就是富貴，也沒什樂趣啦。所以古人治心，如同治病，治身先治心，治心先知善惡，知善惡先格物，格物致知可以產生更多智慧，邊實踐邊修正，氣火就會漸漸消彌減少，身體才有排除負能量的機會，氣火往外排時身體一定會有反應，氣色也會逐步改善。

九、火燒功德林

再多的善功德，也經不起怒火攻燒，生氣動怒，人心自然遠離，彼此留下難以抹滅的傷痕，形成心中的陰霾。就好像玻璃有了裂痕，雖然用手觸摸不出來，但下次再敲擊時，也就脆裂了，這正是火燒功德林。人心一旦動了怒火，就容易產生對立，心一旦對立，要修補到不著痕跡是很難的。先天是不爭、不吵、不鬧，一旦起了爭執，就立刻掉入了後天心，彼此間的信任逐漸瓦解。信任是能量傳遞的管道，多少信任能傳遞彼此間的多少能量，才能產生更多善功德，就是團結力量大。

十、仗勢欺人

發脾氣的人都有仗勢，貴人發脾氣仗著勢，富人發脾氣仗著錢，窮人發脾氣仗着窮，小孩發脾氣仗着小，都是迷人。仗勢的範圍很廣，凡是依靠自己的身分、名利、財富、地位，用強迫手段達到目的，都是屬於仗勢欺人。發大財、當大官也不是好事，被名利所累，為名利所迷，不如看開倒是輕快。人能在名利之中，超出名利之外，才算出數，才是真人。

十一、告誡自己

誰生氣誰生病，誰著急誰上火，急火攻心。心中要常告誡自己，怎麼還有時間生氣上火呢？人生最難的是當下的轉念，一個念無法轉圜就形成一個枷鎖。為了爭一個是非對錯，鎖住自己的心，卻不知道身體沒有是非對錯之分，沒有好人與惡人之別，只有起心動念發了情緒，就是傷害身體，這個觀念不可不知。

十二、改善方法

跟自己懺悔【對不起，我不該隨便生氣，都是我的錯。】每天累積唸一百次以上，三週即可化性。

第六節　找好處認不是

找好處、認不是就是善

一、如何修好

想修好的人多，能得好的人卻少，因為什麼呢？就因為心裡存的，都是別人的不好，又怎能得好呢？想修好先修觀念的好，現代人都只是在修道理方面的好，卻是不肯修天理方面的好，所以常常在道理層次爭是非，繞不出觀念上的枷鎖，所以都不能得好。

二、找好處積善緣

找人好處是「聚靈」，看人的毛病是「收贓」。找好處生啟發力，能接萬緣，是破因果的根。能存一分好處，就多一分陽光，聚得眾人的陽光，就是聚萬靈。「聚靈」就是收陽光，心裡溫暖，能夠養心潤肺；「收贓」是存陰氣，心裡陰沉，就會傷身生病。人人都有好處，就是惡人也有好處，運用逆向思考，若正面找不着，就從反面上找，把逆境轉向正念，自然解脫。找好處就像是服「暖心丸」，到處有緣，沒有苦惱。

三、陰陽相生

心裡常存別人的好處，就是存陽，能生正能量；常存別人的壞處，就是存陰，會生負能量，不可不分清楚。愚人剛愎自用，自以為是，不找人好處，所以多怨，多怨就多苦；賢人能放下身段，總是怕自己有缺失，喜好取人長處，所以多益，多益就多才。

四、相對優點

找好處是真金，若想找好處，就得以志為根，在沒有絲毫的好處裡面，找出真好處來，在忍無可忍時，還能忍得住，能把事情想通，就是大義參天。能在惡人身上找着好處，怨恨自解，因果自消。性是福星，心是祿星，身是壽星。要找人的好處，可別爭理，只找優點不談缺點，爭理離道就遠了。缺點也可以是優點，這就是相對的優點。

五、滋養智慧

認不是，是認自己的錯，認不是能生智慧水，水能調五味合五色，隨方就圓。人的性子，要能練得像水一樣，就是成道了。古人說的「上善若水」，就是這個意思。

六、不是的區域

看人「不是」到處都有。低頭也有，抬頭也有，睜眼也有，閉眼也是有。

看妻子不好，是低頭不是，看老人不對，是抬頭不是，看別人不好，是睜眼不是，心裡尋思別人不對，是閉眼不是。有不明白的道、不會做的事情，都是不是。人要能找到自己本分，才知道自己的不是。人因為把天理丟了，道理迷了，情理虧了，才會不知該認自己的不是。不是的範圍很廣，爭道理就是自己的不是，爭情理也是自己的不是，仗勢要道也是自己的不是，抱怨別人也是自己的不是，一切會傷害自己自性光明、心境平和、身體健康的事情，都是自己的不是。

七、真知性的人

知性者，準能認自己的不是。就是一草一木，也要知道它的性，要是誤用了它們，也是虧負它們。若能真知性，不必去求，自然也會歸服你。明白人以天性為主，以道心為用。一物不知，對不起一物，一人不知，對不起一人，能這樣想才算明白人。

八、認不是找好處

要能把自己的不是認真了，自然神清氣爽，心平氣和。找好處，便是輕清上浮者為天；認不是，便是重濁下凝者為地。

認不是生智慧水，找好處生響亮金。

找好處開了天堂路，認不是閉上地獄門。

找好處勝服「清涼散」，認不是勝用「暖心丸」。

九、自我教育

口訣：千錯萬錯，都是自己的錯，誰生氣誰生病，誰生病就是誰的錯，身體髮膚受之父母，沒保護好，就是不孝，不孝就是錯，那是誰的錯？

第七節　講心病

講病就是善

一、病由心生

中醫理論說，病由心生，心就是生病的根源，也就是心病。心病是因為心中有過不去的梗，有不如意的事，才會累積而成。如果觀念參透了，負能量能夠排除，心病自然能改善，身體也就能復原了。

二、過是病根

講病，就是講「過」的觀念，講過就是講「過去」的時間，講過去發生的「過錯」缺失，講過去心中「過不去」的梗，講過去難以面對的祕密，不講出來就不能放下，就會導致身心難過，講完才能過了，過了才能解脫好病。

三、祕密是壓力

心中過不了的事情就是祕密，祕密就是壓力，壓力就是負能量，負能量就是病根，有病根就會生病，有多少負能量生多少病因，把心中的祕密講（倒）出來就好了。

四、時間無法消病

心中的祕密，不會因為時間久了，而沖淡一切，反而是把自己在五毒（怨恨惱怒煩）中烤熟、泡爛，隨著時間的累積，加速身體的敗壞。

五、古人講病一

種瓜的老叟，看瓜的好壞，不必用手彈，也不必用鼻子聞，只憑眼力看就知道。看人也是一樣。遼陽縣張忠堡有個老太太，自從過門就挨丈夫罵，一直到老。她問我她為什麼挨罵呢？我說：「只看妳那幅陰沉的臉，就該挨罵，妳以後紡線，或是做針線工作時，常用小鏡子自己照照，看有沒有笑容？若是有了笑容，就不挨罵啦！」她照我說的去做，她的丈夫不但不再罵她，反而對她非常好了。

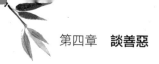

六、古人講病二

德惠縣青山口村劉玉成，火氣太盛，能說善辯，得了癱瘓病，醫治不好，請我講病。他初見我就講了一天話，句句爭理。我一旁靜聽，一聲也沒響。第二天我問他：「你昨天說的是理呢？還是道呢？」他說：「我說的是理，沒理怎能說話呢？」我就說：「理有四種——有天理、道理、義理和情理，你只是一味的爭理，怎能不病呢？你若想病好，非爭自己的『不是』不可，要能把爭理的心，轉變為爭自己的『不是』，你的病就好啦！」

他因被病魔纏身，很聽我的話，我就設了一法，對他說：「等一會我們宣講善書，你家裡一百多口人，準有人來聽講，你預先伏在床上侯着，進來一個人，你就磕頭認罪一次，譬如說，你媽進來，你就說我不會做兒子啦！你哥哥進來，你就說你不會做弟弟啦！你妻進來，你就說不會做丈夫啦！就是請傭的人進來，你也要說不會做東家啦！你能這樣做麼？」他說：「能」。飯後我們就宣講起善書，一人宣唱，一人講說，他家裡的人果然陸續的進來，他就一一磕頭認罪，大家笑，他也跟着笑了，這樣一動出了一身大汗，不到一天就能下床在屋裡走動，第二天就能送客到大門，第三天就自己走了八里路。

他的前村，有位老太太，也患癱病，聽說劉玉成的病好了，她叫她四個兒子用籮筐把她抬了來，她說她念過伏魔寶卷，我就給她講伏魔寶卷，講了不到兩頁，她就大聲說：「我的病好啦！」傍晚她自己走了回去。他們二人的病，都是由氣火上得的，肯認不是，氣火一消自然就好了，現代人念了好多經書、典故，如果沒改善，也該多思考了。

七、病的由來

心裡想別人不對，是心病；性裡常發脾氣，是性病。心病必引起性病，性病必引起身病，能反過來病就好了。看人不是是心病的根，找人優點是治心病的藥。

八、講病技巧

根據講病的經驗，在家得的病，非出外不能好；在外得的病，非回家好不了。因為病在心裡，心事不了，病是不能好的，簡單的說「家病得外醫，外病得回家醫。」但隨著電話網路科技日益進步，家庭的影響力已經可以無限遠播，傳統的小家庭，已經可以在網路形成大家族，一通電話，對面人的訊息立即收發，也是負能量傳播的重要管道，不可不察。

九、病的剋星

有病是苦的，你若是故意的樂，時間久了，真樂就能生出來，陰氣像一股烟似的飛了出去，百病全消。俗語說「神出鬼沒」，樂就是神，陰氣就是鬼，神出鬼自然就逃跑了！

第八節　有病就是有過

如果身體有病，說明人有「過」了，有過就是有「負能量」，並且已經積累了，這是一種警訊，不知「過」無法好病。有「過」就是：

過去的「過」：時間上的經歷，也是指發生。

過錯的「過」：缺失上的過錯，有做錯的事。

過頭的「過」：單位上的量化，太多的意思。

這幾句話的意思是說，如果你生病了，說明「過去」的你，曾經犯的「過錯」已經累積「過多」了，所以才會生病。要趕快檢討自己，找出存在的問題，儘快矯正。所以找問題的方向有三個：

過去：時間，往前找，從小時候開始找起，越詳細越好。

過錯：缺失，就是五毒，指的就是一切的怨、恨、惱、怒、煩。

過多：病因，就是心中過不去的梗，過去不等於沖淡，原諒不等於放下，忘記不等於消失，該排的得排，該撥的撥，翻出良心才能真解決。

一、過多則病

「過去發生的過錯，累積過多了，所以你生病了。」這就是性理療病的精髓。現在的一切是「過去」累積而來，所以過去不醫現在無法改善，太多的「過錯」經歷，累積了「過多」的負能量，所以才會生病。

二、過去是因

找到因才能解鈴，凡走過必留下痕跡。過錯是果，所以會留在自己的性心身之中，因為累積太多了，無法負荷才會導致生病，所以要知道自己錯在哪？才能撥陰轉正。

三、過的累積

不同的過錯會產生不同的負能量，儲存在性、心、身不同的位置，以不同的樣式儲存。存在性界的，會招來厄運，做什麼事都不如意；存在心界的，會影響情緒，總是讓心情浮動；存在身界，會導致生病，影響身體健康。把過去負能量倒出去成為真正的過去，才能讓身體有機會改善。

第九節　行道就是善

一、道不遠人

講道也就是講人，若不講人，哪裡有道？學道不專，聽的次數多了反而覺得沒意思，沒把做人當一回事，不找自己的「不是」，總是看別人的不對，就是把自己忘了。從小當孫子、當兒子，自己有了兒子當爸爸，有了孫子當爺爺，一輩子連一個人也沒會當，連一條道也沒會行，鬧個空來白走一遭！

二、管人不如管己

現代人不是管妻子，就是管兒女，甚至管兄弟姊妹、管親戚、管朋友，只要沾上點邊的就都要管，就是不知道管自己。像眼睛是自己的，因為壓不住火氣，腫得像個大紅桃，疼得叫媽，這時侯連自己都管不了啦！沒法叫自己的眼睛不痛，你看世人該有多麼愚！現代人寧願犧牲性命，也要管教別人，該有多麼愚呀！己所不欲勿施於人，自己做不到的事情，不要拿去管別人，才不會被負能量反撲。

三、盡道是自動的

倫常中的人，互愛互敬，各盡其道，全是屬於自動的，簡單的說：「道是自動盡的，不是爭鬥來的。」父母盡慈，子女盡孝，兄弟姊妹盡悌，全是屬於自動的，才叫盡道。若是互相爭道，跟對方要道，那就錯了。自動盡道的才是善，若是互相爭道的就變成惡啦！現今家庭所以不和，就因為爭道的人多，盡道的人少，好像討債的人多，還債的人少一樣，哪能不爭吵？

四、曠男怨女

現今的人好往下達，老人日夜忙碌工作，兒子卻遊手好閒，結果什麼事也不會做，豈不是成了「曠夫」？女兒在家依賴父母，爭貪不足，日生怨心；出嫁時，又要彩禮、又要嫁妝，總是不滿意，又怨父母、又怨丈夫、又怨公婆，滿腔怨氣，豈不是成了「怨女」了；若能男無「曠夫」，閨無「怨女」，女不賴男，男不管女，男女都能自立，打倒男主外女主內的舊習，才叫男女平等。

五、依賴成性

許多家庭，都是互相依賴的，男依賴女，女依賴男，父依賴子，子依賴父，依賴到不耐煩了，便互相嫌隙相怨，甚至互相爭吵、殘害，要不改造家庭，哪能有幸福呢？

六、道在對面

在自己身上的是本，本立，道自然就生出來了。像兄長，只問自己寬不寬？不管弟弟敬不敬。做丈夫的，只問自己義不義？不管妻子順不順。這才是「立本」，本立道自然就生出來了。

七、思不出其位

人有心靈必有所思，可是思應不出其位。像做父親的人，就要思做父親的道；做兒子的人，就要思做兒子的道。把道想通，把自己做好，自然父慈子孝。

八、人心距離

近人遠了是心，遠人近了是意，神是一切都近、近而遠之，佛是一切都遠、遠而近之。常說：「近人要遠一點，遠人要近一點。」因為近人近了好欺人，又是你的命，好歹都要認命，只能憑德行感化，不可以起怨恨之心，不然又悖道了。

九、勸說次數

對於近人，好也不許說，壞也不許說，還不許心想對方的不對。只許勸、不許管，勸也有數，勸妻一次，勸兒女三次，勸弟兄四次，勸朋友五次，勸父母沒有次數，只能持續勸，不可嫌棄。近人彼此之間產生糾紛的機率很大，容易加深彼此之間的陰霾，越想對方不是越容易起情緒，越勸對方越容易起口角，越褒獎越容易因此嬌寵，所以好壞都不許說。

十、知止識數

「知止」就是「識數」。世間不論做什麼，若是不「知止」，必定糟糕。肉好吃，吃多了傷人。煙、酒好用，多用醉人。能辦事的，辦多了累人，被事絆住撤不開手，被人粘住，放不下心，被物累住，才會脫不開身，全是迷人。人不是為一兩人活著，做官有數，發財也有數，過家也有數，孝親也有數，不知止的人，全是不識數，不識數就會累心，累心就會生病。

十一、知止不殆

道德經上說「知止不殆。」可常人都不肯在事情上去止，所以得不着道。都以為止住就壞了，豈不知若真止住，絕無壞的理由。不知止，像坐火車似的，看不真切，必須止住，才能看得清楚。

十二、性命相連

人的性命是相連的，定住性才能立住命。做了兒子的命，就得定住兒子的性。做了父母的命，就得定住父母的性。什麼命就定住什麼性。如果有好命，沒有好性，那叫性不歸命，也就是沒定住性。定不住性，命就壞了！可見人若一動稟性，就得先問問自己是什麼命？那性就不敢妄動了，這叫「性歸命」了，性歸命的，氣質準變，天命也準長，準能當個成人。

十三、學習認命

兒女不好，是你的心不好，妻子不好，是你的命不好，父母兄弟不好，都是你的命。現在的人，自己沒做好，先盼別人好，怕別人不好，看見別人不好就發怒、苦惱，甚至生氣打罵，真是太不認命了！

十四、命者名也

名正命就正了，命正，性自然就化了。教人，最重要的是教性、教命。做父母、師長的人教導子弟，要常提老人的好處，不拿老人的好處去教，就是悖道。今學校裡只教知識，並說老人是老腐敗，種下這種惡因，子弟的知識能力越大，越看不起老人，所以才養成不知孝悌、不明禮讓的風俗。人都怕日子過壞，不知道命壞了日子才會壞呢！

第十節　慈道

一、寵溺成害

溺愛之心是害人，以相着人就是欺負人。做父母的都是自己害他們的兒女，任情嬌慣，溺愛不明，以致不務正業，家裡多一個浪子，世上多一個遊民。越寵溺兒子他越貪，簡直是推兒子下地獄，還說是兒子不成材，怕他將來受罪，就是不義之財，也去貪求，這種財產留給子孫，和留毒藥給子孫有什麼不同？自己造孽，兒孫受罪，真是自做自受！

二、容易之財難守三代

父母怕子女受罪，多置房產地業，預備夠子孫生活的費用。這樣的父母，不是慈愛子孫，正是欺負子孫，他以為子孫不能謀生，會無力生活，所以大事準備資產。對外人刻薄慳吝，專為子孫積蓄，子孫任什麼經驗也沒有，只知吃喝玩樂，後來真落到沒有資產，不能生活了！這樣的老人，可笑不可笑？這樣的兒孫可憐不可憐？俗語說的好，受之以魚不如受之以漁，保護的了一時，保護不了一輩子，學會自保才是王道。

三、因緣聚會

佛國裡的人，見面就是有緣；天堂裡的人，見面就是樂；苦海裡的人，見面就操煩；地獄裡的人，見面就仇視。凡是對面來的，不論子女是什麼「冤」緣，都是因果，有冤緣若再聚財，等於推子女下地獄。有氣能受了的，受一分了一分。如受不了，以死了之，正是沒去了，來生還是再輪迴。

四、大小相對

怨是結冤的，惱是中毒的。一般人遇着兒女不好，就生怨氣。豈不知兒女不好，是你的命不好，他正叫你修命呢！你不修命，反而怨恨子女，正是不要命啦！兒女犯錯，父母要寬容、要領導、要責己、要先正己，時間久了自會悔改，這叫義氣。否則，你怨他，他恨你，日久成了仇。況且子女是祖先的遺德，你要怨恨他，正是欺祖。

五、學習檢討自己

子女肯盡孝的，是由德上來的；能敗家的，是由孽上來的。要知子女的成敗，且看自己的行為，是德、是孽就知道了。世人常罵人說「缺德」，聽的人就生氣，卻不知道自己反省。遇着不成材、不知恥的兄弟妻子，正是德行不足的原故，應該努力做德來彌補，時間久了若不變就換啦！要是不用德行來彌補，怨恨、打罵都是不中用的。

六、樂活溝通

父母一早不是嘮叨，就是叱呵人，甚至罵人打人，他氣別人也氣，氣就會傷身。父母若知道兒女的好處，就是責備他，他也樂意。要學會樂活，見人不對就一笑。樂就是神，神起就不傷人，當時也不說他，等過幾天，他樂的時侯，或他主動問起，或主動問他，把道理講明白，也就悔改了。就是小孩子不聽話，也說他聽話，好哭也說他不好哭，日子久，自然能改過來。

七、知性才能享福

人有人性，物有物性，能知人的性，才能度人；能知物的性，才會用物。離開了物道，享不着物的福；離開人道，享不着人的福。若是管人，人準不服。會領人，誇他的好處，提他的陽光，他才樂意聽從。對於動物類，也是要溫存牠，不可以打罵，人和物都是同一個理，這就是率性。可是人總好管人、虐待物，簡直是推他下地獄或攆牠下地獄。所以說：「找好處開了天堂路。」

八、痴母手中限

不要因為自己的無知，讓慈愛產生太多的瑕疵，兒女是世上的，有了能力要給世上服務。要是因為父母沒自己照顧好，而把子女拖累在家裡，在子女方面是小孝，在父母方面就是不慈了。

九、四界之罪

身界人只知道吃穿，就以為給子女吃穿是養育，這是養身。心界人知道人的心意，就以憂心為盡慈，這是糟心。身心兩界的父母好惦念子女，又以惦念子女為慈愛，豈不知惦念而不思慈道的真正涵義，總認為子女叛逆無能，害怕落人於後沒有競爭力，能增加子女的罪。因為子女產生心不安，就是子女讓父母擔憂了，就表示子女不孝。意界人以樂為主，他就以使子女快樂學習為盡慈。志界人不拘形式，心存父母的志，引領子女一同向上成長，以身作則，這是慈道，才是真慈。

十、我好大家好

父母都想要子女好，子女也期待有好父母，父母期待子女好，讓自己安心，子女期待父母盡慈，讓自己快樂，雙方心態都是「你好，我就好。」結果都只是在等待，導致分裂狀況日益嚴重。今日起，得修正為「我好了，你不得不好。」都從自身改善先做起，自然狀況就改善了。

第十一節　孝道

一、孝清三界

人人都有道，不必向外去求，先要克制自己，不要管人。管人是假的，管自己才是真的。自己不真，眾人不佩服。人都說要敬天地、孝父母，人想敬天，先清性，性不清不能孝父，孝父就是敬天；想敬地，先淨心，心不淨不能孝母，孝母就是敬地；心性不清淨，想盡孝也很難。

二、三不孝

不會做人不算孝，不會做事不算孝，不懂得保護好自己不算孝，眾人不佩服不算孝，能把人做好，把事做好，令眾人佩服了，才算是孝。

三、把人做好

會做人的聚萬靈，不會做人的散萬靈。見著一個人，要想通一人的道，見一物要想通一物的理，就叫聚萬靈。能明白對面的人的道，才夠當一個人。不明白誰的道，就對不起誰，不明白物的理，就對不起物；做兒子的若是不明父道，就對不起父親；做丈夫的不明妻道，就對不起妻。明白對面人的道，才可以把人做好。

四、把自己做好

道的一面，就是克制自己。自己要認不是，不找別人的不對。不論父母慈不慈，但問自己孝沒孝？不問兄弟義不義，但問自己盡悌了沒？不管別人好不好，但問自己誠不誠？志誠感動佛，意誠感動神，心誠感動人，身誠感動物。別人不滿意你，那是你無能；別人不贊同你，也是你無用。你若是看不起人，就是你沒有雅量。

五、盡孝方式

想盡孝道，要從性、心、身三界入手。性不化不能孝性，心不誠不能孝心，身不修不能孝身，想要真盡孝，必須清三界。人是父母生身，遺傳自父母，所以清理自己的三界，就等於清理父母的三界，清理自己哪一界就是孝順父母哪一界，三界全清也就孝全了。

六、真孝之孝

身界人只知道吃穿，就以為給父母吃穿是盡孝，這是孝身。心界人知道人的心意，就以順心為盡孝，這是孝心。身心兩界人好惦念人，又以惦念父母為孝，豈知思親而不思道，能增加父母的罪，你心不安，父母的心怎能安呢？意界人以樂為主，他就以使父母快樂為盡孝。志界人不拘形式，心存父母的志，使父母安心，不讓父母操心，這是孝志，才是真孝。

七、牽掛不是孝

人用心惦念父母導致身心煩憂，就是不孝。要能把牽情轉念，用志盡孝，才是真正的孝子。

八、孝的漏處

孝道怎樣盡呢？盡孝要從漏處「未完成的心願」入手，有困難的地方，就是父母憂心的地方，你若不管就不算盡孝。

九、四代一體

身是物，心是兒女，意是父母，志是祖父母。欲知兒女好壞，看你的心正不正？人若是不樂，好發顛，就是意不誠，父母準不好。所以治世也不出本身。

十、超度父母

人做不好，是不知「命」，叫做丟命。事做不好，是不知「道」，叫做丟道。都是不孝的人。若想超度父母，得讓自己比父母好，超過父母所做的，才算超拔。情緒比父母平穩，智慧比父母高，身體比父母健康等，不可忤逆父母，還要能盡孝，就是超拔父母。

十一、奉養之道

拿父母的錢，購置飯食衣物，來奉養父母，看似盡孝，其實不能算孝。父母有財產，兒子賺錢還讓父母擔心，也不算孝。意思是，父母若有錢，就用父母的錢行善，然後用自已的錢奉養父母；若是父母沒錢，子女賺錢給父母過生活，止住爭貪，存住德行，才是真盡孝。

十二、有怨作假就是不孝

子女遇到不如意的事，就跟父母抱怨，正是害父母，父母親跟孩子一同出氣，正是害子女。若子女有過錯，怕父母擔心，為了安慰父母，不認自己的錯，只是作表面功夫，正是欺負父母。認為父母感受不到，那就是瞧不起父母，欺負父母正是欺負子孫，父母主一家人元氣，所以傷害父母，就是傷害一家人。

十三、家庭因果鍊

夫妻情感不和，互相猜忌，對子女灌輸父母親的不是，就等同是為子女灌毒。心存夫妻之間的不是，對孩子發牢騷，就等於是詛咒自己的孩子，詛咒自己的孩子就等於詛咒自己的父母，也是等於詛咒自己。孩子心存父母的不是，就是不孝；父母心存孩子的不是，就是不慈。眼睜睜看子女罔顧父母，就等於罔顧了子女，罔顧父母而不顧，就等於罔顧自己。負能量因果鍊，代代相連、代代相傳，血脈之間如何獨善其身呢？

第十二節　婦女道

一、抱怨就是不懂婦道

現代教育制度完備，使女子長知識、有技能。有了能力，使女子能明理，能自立生活，不拖累男人，提高了女子地位，正是救女子出苦得樂，若是女子還抱怨，是不懂婦道，那就掉入苦海，離道就遠了。

二、不明理生糊塗

現代女子有才華、有能力，在社會上已經很普遍！女子讀書，怎可不明理？不明理容易生些糊塗子女。古時周有三母，才生出聖帝明王；有孟母才有孟子。為了改種留良，重立人根，非得從教育入手不可。女子能為官、能治國、能經商、能教育、能開發，凡是男子能做的事，女子也能做。不依賴男人，自然不受男人欺負，才是真出苦得樂，但若是女子仗勢欺人，悖離姑娘道、婦女道，那又是自作自受了。

三、開天闢地

古時聖人專教男人，是先來「開天」；現在女子讀書是「闢地」，從此「否極泰來」，男女都能明道，化除稟性，涵養天性，懂得誠意，存心不雜，男女存什麼心，就生什麼樣的子女，分毫不會錯。

四、優生學

男子化性是天清，女子化性是地寧，天清地寧生個小孩賽神童。孩童是一棵幼苗，父親是家中的太陽，母親是水源，提供什麼樣的陽光，供應什麼樣的水源，全由父母親決定，家庭是沙漠？是綠洲？是沼澤？都是自己的選擇，絲毫怨不得人。

五、不知足則苦多

女子多苦因為不知足，喜歡往上比，見人家有，她也想要，不知道自己的命和別人不一樣，風俗就是因此壞的。丈夫為難她不管，非穿金戴銀、高樓大廈、名牌一身不可！把人看輕，把物質看重了，認為夫為她勞役是應該的。對於丈夫，不是緊盯著，就是管着，輕則把丈夫霸去，重則把丈夫剋死。拋棄公婆領著丈夫出外另過生活，任性而為，怎能沒罪？即使有兒女，也難出貴人。

六、放下自己才能成就自己

道在下邊不在高處，高處有險，低處才有道。人能以貴就賤，以高就低，才能出貴；肯做愚人非真愚，才是賢人；肯做罪人認自己錯，才是真人；肯做凡人又不平凡，才是不平凡之人；肯放下自己成就他人，才是聖人。一切的人都有屬於自己的道，善有善道，惡有惡道，不知道者難行道，不知善者難行善道，不知惡者總行惡道，六道輪迴總在一念之間，知「道」才能挪道，不知道者總是落入苦海，難以成就自己。

七、進退之間

世俗的人，都是知進不知退，像打仗似的，入了陣不能破陣，怎能不受害呢？就像做媳婦的，未出嫁前，不明白丈夫家的道，出嫁後又不知全家人的好處，這正是知進不知退，所以都離了道啦，離了道還想家道昌盛、子孫發達，那不是「緣木求魚」嗎？誰說媳婦是外人呢？

八、人道盡天道返

無因不生娑婆世界，既生為人，就該行人道，人道盡天道返。可惜人都不明白！只想享福不知盡道。為怕生兒育女的苦，便想清修，永不出嫁，這是背道而馳，上不能超拔祖先，下不能德蔭子孫，就是不孝。人吃穿等死，與世無益，這是自暴；孤陰不生，自尋煩惱，這是自棄。人秉陰陽而生，道在陰陽之間，會了自然沒苦；因怕苦而不盡道，正是違天，怎能成道呢？

第十三節　姑娘道、媳婦道、老太太道

姑娘道：姑娘（閨女）性如棉、志為根。心存眾人好處，身有補助力，以圓滿家庭為己任，做一家的貴星。

媳婦道：媳婦性如水、意為根。身子要勤，心感一家恩，以助滿家庭為己任，是一家的喜星。

老太太道：老太太性如灰、志為根。身子要穩，心存眾人的道，以兜滿家庭為己任，做一家的福星。

這是婦女的真道，不要輕視這幾句話俗氣，誰能悟透誰有福享，千萬別當口頭禪會唸或看過就算了！必須實行出來，才算得道。歌頌女性的詩詞比歌頌男性的多，可見女性在一個家庭裡面，扮演了多麼重要的角色。水可以載舟也可以覆舟，千萬別輕忽自己的影響力。

一、不貪不爭

志為根是不貪，性如棉是不爭。如同用棉花紡線，棉長不斷，姑娘的意，也要像那樣長，時時想著家人的好處。

二、姑娘佛

做姑娘的對於家庭，身有補助力，是清陰命，是和佛國接氣的；心存眾人好處，是接緣的，是成神的途徑；性如棉，意氣發動，是成神的根；志為根是成佛的根。

三、世界的源頭

姑娘是人類世界的源頭，源頭不濁，水自然清澈。做姑娘的若是好退縮，不肯講姑娘道，就像有燈無光一樣。

四、媳婦性如水

性子要像水般的溫柔，水彎彎曲曲流去，流幾千里終歸海，媳婦的意也要那麼長，把全家人都擔起來，像水漂流東西一樣。

五、媳婦佛

會當媳婦準生貴子，你看那水！能養育萬物，又不與萬物相爭，處在最低的地方隨方就圓，合五色、調五味，原質總是不變。當媳婦的要能性如水，怎能不合道呢？隨貧隨富、可高可低，總不變它的本性，人能這樣就算得道，也就是媳婦佛。

六、媳婦準則

做媳婦的身界要實行，心存全家的好處，性如水、要常樂，就是挨屈打、屈罵，也必說是為我好，若是心裡沒有我，怎能管我呢？若是遇着眼睛有毛病的丈夫，就想比瞎子好多了，這樣想便能知足常樂，這是婦女的真道。道為什麼丟了呢？就因為什麼人不講什麼道了。

七、水是三界共存

水能自行沉澱恢復清澈，就算受到委屈汙染，一段時日蒸發，變成雨水落下後，也能再恢復成乾淨的水，滋養萬物生生不息。女人也該如此，若是抱怨、記仇、記恨、委屈，那就是遭受汙染了，放下執著，才能恢復清明本性，隨時滋養全家人。家就像是田園，女人就像是灌溉的水，影響全家的生活品質。

第十四節　夫婦道

一、道是什麼

就是陰陽。陰陽是什麼？就是夫婦。夫婦各正本位，就合道。道若是落在後天，就是「男無真剛，女無真柔，家庭不和，沒好兒孫。」人根不良，殃及社會，天下才不太平，世界才不安寧。若能夫婦明道，天地定位，陰陽氣順，子孫必賢。

二、三綱之虐

古人的三綱是：「君為臣綱、父為子綱、夫為妻綱。」現代新三綱是：一是性綱，二是心綱，三是身綱。生氣是性綱倒，罵人是心綱倒，打人是身綱倒。綱字做領字講，今人硬當剛字用，才會不得安寧，要振起乾剛，才能真安寧。

三、三綱之道

不動稟性是性綱、不起私慾是心綱、沒有不良嗜好是身綱。丈夫只可領教妻，不可管教女人，一管便是不綱啦！罵女人是動威風，女人雖不敢還言，可是惱氣已存在心裡了。打女人是動殺氣，女人雖然不敢對打，可是恨氣已存在心裡了，這種惱恨之氣，當時發洩不出去，將來必遺傳給子女身上，這不是管女人的大害嗎？傷一代可延禍三代，代代相傳，知止化性才能夠改善。

四、三綱本位

講道德，要男女各正本位，男子以剛正為本，什麼叫剛呢？剛就是不動性（不發脾氣）。什麼叫正呢？正就是合乎正理。女子以柔和為本，什麼是柔呢？柔是要性如水。什麼是和呢？和就是要合於理。所以剛正就是柔和，柔和也就是剛正，名詞雖然不一樣，精神却是一樣，人是細而不察就是啦！

五、三綱彼岸

佛經說：「達彼岸」，究竟怎樣才算是「達彼岸」呢？男人必須明白女人的道，女人必須明白男人的道，才是人人都「達彼岸」了，家裡成員都要先學習了解自己的道，然後再了解家中成員每個人的道，盡自己的道，不爭對方的道，才能人人都達彼岸！

六、地獄家庭

現今社會的夫婦，不是男管女，就是女管男，或是互相管轄、互相攪擾，真成為「地獄家庭」了！男女自立互不相管轄，正是化地獄為天堂。

七、搶男霸女

世人最愚，不是男管女，就是女管男，以為是自己的人，就得非管着不可，這叫搶男霸女。一旦死後，男的另娶，女的再嫁，誰也管不了誰了。人為財物爭貪不已，死後也得扔下，不是愚是什麼？總而言之，都是為己心重。

八、陰陽合和

夫婦道，也就是陰陽道，夫婦和氣，陰陽氣順，互相不剋，不但不生病、不夭亡，而且家齊、子孫昌旺。所以說，男人要明女人的道，女人也要明男人的道，家庭才能和樂。現今的人，男管轄女，女依賴男；男人打女人，女人怨男人，這叫陰陽不合，家庭難以幸福。

九、天水地承

天一生水，地六承之，水主柔和的，常發脾氣，不算天一生水的，男人定住性綱，不發脾氣，就是天一生水；女人能擔滿全家，才算地六承之。

十、夫妻互道

男人所以為男人，因為有女人，所以男人必須明白女人的道。女人所以為女人，因為有男人，所以女人必須明白男人的道。若是男人沒有女人，就成了鰥夫，女人沒有男人，就成了寡婦，就不叫做夫和妻啦！

十一、明道盡孝

男女在沒結婚以前，都是以盡孝為主；結婚以後，男人以盡夫道為主軸，女人以盡婦道為主軸。男人若不能把女人領到道上，不能上孝公婆、下教子女，就是自己十分盡孝，父母也不放心。女子婚後，若不能助夫成德，就是自己孝敬公婆，父母也不安心。所以不論男女，都必須明道，才能盡孝。

十二、相處之道

夫婦相處之道，最好是不說。誇獎，會寵起驕氣；說不好，會引起爭辯。不相關的人，才能好歹都不動心，把夫婦也看做不相關的人，就合道了。

十三、夫婦之情

志界夫婦是忘情的，
意界夫婦是淡情的，
心界夫婦是牽情的，
身界夫婦是粘情的。

粘情的就攪，牽情的就怕，淡情的能長，忘情的能真。好也沒說，歹也沒說，來也沒說，去也沒說，才是志界夫婦。

十四、四界夫妻

志界夫婦是不說的，好也不說，壞也不說，是互相感恩的，絕不怨人。意界夫婦是快樂的，夫領妻成道，妻助夫成德，絕不生氣。心界夫婦是禮儀夫婦，就會互相管轄啦！身界夫婦是打罵夫妻，因為是照着財勢上來的，所以糟糕。

十五、先天夫婦

君子求己，小人求人。求己的是先天，求人的是後天。今後的夫婦要夫不求妻，妻不求夫，各做各事，各盡其道，應聚就聚，應散就散，聚也不相攪擾，是和和樂樂的；散也不念，是自自然然的，這就是先天夫婦。

十六、男女互牽

看女人的意，知男人的身；看男人的心，知女人的身；男子要以志成，女子要以意成。男人發脾氣，如同森林大火；女人發脾氣，如同颱風過境。

十七、天清地寧

男剛女柔，各正本位。男人要像天那麼清，女人要像地那麼寧。妻子不肯就道德範圍，不願孝順父母、恭敬兄嫂，不要恨怨她，也不要掛念著她，才算守住了男人的道。自己的父母，要自己孝順，她孝不孝，你不必管，能這樣才夠得上真剛。

第十五節　古人談因果

一、因果對應

我的祖母性子愚，可還厚道，管理家中疏忽，我老嬸不佩服。老嬸的兒媳婦對她，比她對我祖母還利害，和她十年沒說話。老嬸的孫媳婦穆淑賢，自從結婚後，一天也沒待侯過婆婆，等她婆婆死了，她也變好啦。從這我才知道，道要是走錯了，越錯越遠了。

前生在倫常上虧哪條道，今生就少哪一倫，前生沒有盡孝的，今生就缺兒子，若是倫常道全虧，今生就是孤獨的人。

二、前世今生因果

三、因果互絆

朝陽縣團山子村王家，是我媽媽的娘家親戚，起先開煤窰，後來子弟都不務正業。我講善書走到他村，他問說：「我有什麼罪呢？怎麼我家子弟都吸鴉片、不務正業呢？」我對他說：「就因為你在窮人身上刻薄，所以窮鬼都投生到你家來啦！在你未當窰東前，工人每夜有頓（餐）麵飯可吃，你嫌浪費，改為每人兩塊豆腐。買豆腐你又嫌不合算，自己磨豆腐，別人家半斗豆子打一百塊，你用二升半還要打一百二十塊，這不是搜刮窮人嗎？每逢年節，你家大小股，都殺猪賣給工人，正價是二角，你家賣二角半，十二兩算一斤，不買還不行，賣旱煙、干粉也是如此。因為你怕窮，時常在窮人身上刻薄，所以窮鬼都投生到你家裡了！你自己做的，還問誰呢？」他聽我說完，哭著走了。

四、嫌人就嫌己

貴人侮辱賤人，將來必定愚賤；富人刻薄窮人，將來必定貧窮，這也是自然循環的道理，因為他離開富貴道啦！你嫌人，人必嫌你，若是你嫌愚人，愚人也必定嫌你、討厭你。

五、現世循環

凡事都有循環，絲毫不爽。不用說對人不可虧心，就是對畜牲，也不可虐待，畜牲雖不會說話，天老爺也不答應。那年官兵在六家子（村）沒抓着胡匪，抓了個好人打的胡說，硬說胡匪跑到我家去了！把我抓去狠打，我沒怨人、也沒生氣。等到我守墳時才知道，因為我趕車時打牲口打得太狠啦！身界造的罪還得身界還。

六、三世因果

今生屈，前生不屈；今生寃，前生不寃。凡是遇事抱屈的，是不明白三世因果。

看人是什麼性，就知道他的因果如何。凡是人今生所受的，都是前生積來的。

今生是什麼性，就知前生是做什麼的。今生是火性，前生一定是當官的；今生是水性，前生一定是商人；今生是木性，前生一定是工人；今生是土性，前生一定是莊稼人，今生是金性，前生一定是讀書人。

前生好打獵殺害生靈的，今生火性就高；前生好抗上的，今生木性就大；前生好說謊的，今生金性就強；前生好怨人的，今生土性就厚。

牛的性裡有愚火，狗的性裡有陰木，牠就現那樣個形，就得受那樣的苦，要能把性化了，也就可以脫離畜牲的苦啦！

七、三命不實

宋曉天問我：「我來生投生什麼呢？」我回說：「投生個二老爺，無權無位，因為你心空。」他問怎能不空？我說：「性存天理，天命就不空；心存道理，宿命就不空；身盡情理，陰命就不空。若是說假話、行假事、做假德、只好虛名，就是成神，也是個二神；若當太太，也是個姨太太。」

八、因果循環

人是萬物之靈，所以萬物都希望轉為人，再修便可以成神、成佛，可惜人都迷了，又要轉物，才循環不已。人有妄想或有牽掛，就是循環沒完了。不會做人、不明道理，心就贖不出來；不滿意、不知足，意就贖不出來；物不空、事不淨，那志就贖不出來。必須做一件事，了一件事，行一條道，了一條道，鑽進去還能鑽出來，不被世網迷住，才能贖出身來。

九、因果的根

心是造因果的根，要有一點私心，絲毫的牽掛，心裡就會有黑影，就不能「了塵」，不能「了塵」就難逃輪迴。所以必須死了後天心，才能永斷因果根。

十、喜樂消因果

一切事情，沒有不是從因果中來的，逆事來時，若能樂哈哈地受過去，認為是應該的，自然就了啦。若是受不了，心裡含有怨氣，這件事雖然過去，將來必有逆事重來，正因為受而未了的原故。

第十六節　三界與三教

一、人是三界生的

天賦人的性，地賦人的命，父母生的身體，所以說，三界是人的來踪。性存天理、心存道理、身盡情理，才能返本歸根。人只知道有個身體的我，不知道天上有個性我，地府有個命我。性化了，天上的性我得天爵；道理明了，地府的命我得人爵。所以說一人本有三身，可惜人都不知道呀！

二、佛家三皈

「性存天理、心存道理、身盡情理」和佛家的三皈、道家的三華、儒家的三綱是一樣的。佛家的三皈就是性、心、身。性存天理就是皈依佛，心存道理就是皈依法，身盡情理就是皈依僧。

三、道家三華

道家的三華就是性、心、身。性華開天理足，心華開道理足，身華開情理足。

四、儒家三達德

儒家的三達德就是性、心、身。性存天理有仁，心存道理有智，身盡情理有勇。

五、三界就是三教

儒家從立命作起，道家從鍊身作起，佛家從養性作起。性存天理要柔和，心存道理要平和，身盡情理要藹和。

六、本立而道生

萬教皆以人為本，人有三本，一性本、二心本、三身本。當人把本忘了，便立不住。本立而道生，身是應萬事的，有不會的事情，做不來的工作，要努力去學；心是存萬理的，知己知彼，知進知退，透過去就不困難了；性是聚萬靈的，要明天理，達天時，以天命為主，按天理去行事，才算立住了。

第十七節　性命

一、萬教都是一理

因為種族不同、風俗不同，所以各教教主所創的教也不同。他的宗旨都是替天行道，他的目的都是為了度人，使人改惡向善，以救人的性命。

二、性命是人的根

能得到了人根，那道根也就算得着了。道根是人的性，人根是人的命，性根若是好了，那命根也沒個不好。可見人的命不好，都是被性子累的。所以教人化性，人能化性，就算得道。

三、性是命的根

有德的人，性量必大，性量大命也必大。人的命都是好命，因為性子不好，把命也拐帶壞啦！道是什麼呢？就像木匠打的中線，不論別人好不好，你先給他打個中線，取長去短就合道了。

四、道德性命

道就是命，德就是性。性是保命的，命有消長，必須保全才好。細心考查就會知道，凡以天性為主，不拿習、稟性當家的，命就會變大。不以天性為主，專拿習稟性當家的，命大就會變小，命小的就滅亡。

五、性命根果

要紮下根才能結果。人若定不住性，就是沒紮下根，若不認命也難結果，好似開個假花。學道的人，一要化性、二要認命。性化了就不生氣，不生氣才肯吃虧，吃虧就是占便宜。認命就不怨人，不怨人才能受苦，受苦才能享福。可惜世人都不知道，把性命看輕，把名利看重啦！學好是學好，學道是學道，學好不學道，只是開個假花，無法得道。

六、光明之道

人命就像是燈蕊，德就像是燈罩。燈若罩起來，才能大放光明。修命也要養性才能靈，和燈要罩起來是一樣的道理。道像燈蕊，德似燈罩。德不足擋不住外界的惡風，沒有道不能大放光明。所以說：「有道無德，道中之魔，有德無道一座空廟。」古人說：「修命不修性，此是修行第一病；修性不修命，一點靈光無處用。」這話把性命雙修的重要，說得太透徹了。

第十八節　立命

一、福禍相依

世人都願享福，為什麼享福的人少，受苦的人多呢？因為人是，一不知足、二不認命。人要能明道，有福可享，沒福也會找。

二、命就是人的本分

能守住本分，就是立住了天命。天命長，名也準大起來。會當幾個人就得着幾條道，若是不盡職、不盡力、喜虛榮、做假事、有名無實，就立不住命。女子若是羨慕人家好，還怨自己不如人，又恨不如男人自由，不是抱屈就是後悔，那也是不守本分。

三、自欺漏氣

看自己不如人，那叫自欺，也叫不知足，這種人準苦。知命的人天命一定長，情理足道理長，道理足天理長，足了就不費力。若是做這個想那個，叫做漏氣，像氣球似的，一漏氣就癟了！又像蒸包子，一漏氣就蒸不熟了。

四、量力而為

君子做事，不嫌事小，有十分力量使七分，又輕鬆又愉快，就是活神仙。一起貪心便落苦海，不論怎樣大富大貴，也是毫無樂趣。

五、實至名歸

人的名是天給的，煮飯的叫做大廚師，教書的稱為先生。人做事要是名不符實，就是丟命，也就是不知命。

六、素位而行

行道不可出本位，若是離開本位，不但勞而無功，反而有過。什麼是本位呢？就是人的本分，「素位而行」就可以成道。

人要「素位而行」才對，做事要不出本位，說話不出本位，思想不出本位，才能當體成真。若是生為女身，羨慕男人；貧窮人想望富貴；做這個想那個，全是出位的人，怎能成道呢？

就像梨要在梨樹上，不能在杏樹上成。若是看哪個果木好，可以把它的碼子（要接的枝）接在我的樹上，自然長好果木。就像讀書人學古人行事，就是和古人接碴（接枝）也就是古人了。

茄子在茄秧上成，黃瓜在黃瓜架上成。茄子移到黃瓜架上成不了，黃瓜移到茄秧上也成不了。人也要不離本位，才能當體成真。

七、天命範圍

當省長的，一個省的人民就是他的命；當縣長的，一縣百姓就是他的命；當教員的，學生就是他的命；放猪的猪官，猪就是他的命。若是因為事多生怨，或是仗勢欺人，都是不要命啦！若沒有猪，誰雇猪官？沒有學生，誰請先生？沒有百姓，不會設官，可見本分內的事就是人的天命。

八、性命互歸

人有性歸命的、有命歸性的，「命者名也」，不任性，照自己的名位安分做事，始終如一的，叫做「性歸命」。不顧自己的名位，任性而為、做輟無常、喜怒不定的，叫做「命歸性」。像大舜的父母，想陷害他，他都不動性，始終盡孝，正是「性歸命」了。

心存道理，才能知命。知命的人才知本分。性存天理才能知性，知性的人才能知天道。人有性歸命的、有命歸性的，性來歸命，看他歸的是哪一個命？歸天命是真的，歸宿命是假的，歸陰命是壞的。性命合一，放出去是外王，收回來是內聖。

九、何謂成人

成人不在地位高低、能力大小，能守本分，能盡職的就是成人。

十、正知正覺

人要正知，也要正覺，正知正覺真道義。正知，知善惡真實義；正覺，覺實踐真好處。知善惡立本命，找好處真實踐，就是正知正覺。

第十九節　學道

一、好高惡下

世人學道不成，病在好高惡下。那知高處有險，低處安然，就像掘井似的，不往高處去掘，越低才越有水。人做事也得這樣，若在下邊兜底補漏，別人不要的你撿着，別人不做的你去做，別人厭惡的你別嫌，像水般的能就下，把一切東西全都擔起來。不求人知，不恃己長，不言己功，眾人佩服你，那才是道。

二、托底就下

人的心理總是好高，都是喜愛求好。哪知事全糟在高上、壞在好上；好上、高處哪裡有道呢？人是正眼不開，把道看錯啦！別人不做的、你去做，別人拋棄的你撿來，那就是德，也就是道。像水一樣的就下，把一切物全擔起來，自然歸服你，自然服從你，這就叫托底。可惜人都好搶上，不肯就下，所以離道遠啦！

三、學道先學低

不可着相，高的少，低的多，講的道高，高人能有幾個？必須能高能低才算有道，高處鑽不透不能成，低處低不到底不能成。

四、忍辱有道

學道先學能受辱、能忍窮，知足才能落底，知足才能得道，這是得道的要訣。

五、壞的根源

好高是貪，怕壞是粘，好「好」是孽。嫌不好是缺德。不盡職是丟天命。

只一個好字，把英雄豪傑都坑害了！

第二十節　悟道

一、求道若渴

常說人不論是作事、讀書或學道，必得先誠意，就是專心致志，要像「飢者求食、渴者思飲」那樣，時時用心、處處設法，才能成功。

二、格物致知

道並不是一下子得的，是一點一點想出來的，就是格物致知。人要學會格物，什麼是格物？格物就是專一至誠的思考。

三、專一至誠

悟道須要立定志向，時時刻刻在一條道上專悟，久了，道就源源而來了。像抽水井似的，越壓動水越多，可是井管很細，水並不是在管子裡，是在水管外，管裡水流出去，管外的水便來補充，道的源源而來，也像這樣。

四、自性是天

道是天道，人人都有，並沒有離開人。今人為什麼都沒得着呢？人若想明道，要先悟自己的道，再悟家人的道，後悟眾人的道，最後再考察萬物的道。有不知道的便自問自答，慢慢地也能明白，這叫問天。

五、常思本位

一顆豆子，有了秧苗，必須澆水施肥，把豆粒長成了才算。人也有本，常心思自己的本，誠心求三個月，便能得着。

六、慮而後能得

人做一宗事，行一條道，都可以包羅天地，包羅萬古。可惜一般人事過以後，就不知玩味了。凡是做過的事，閒着時要慮，慮明白叫覺；做過不知叫迷，迷就是眾生。

七、內觀自己

學道的人，要先考察自己，身子行的是什麼？心裡存的是什麼？性子明的是什麼？閒暇時，就想自己以往行的對不對？現在行如何？將來要怎樣行？人是知多大，管多遠。不知「道」才會生氣長病，慮明白以後，自然能好病。

八、知止識數

悟道要知止，所謂「知止」就是識數。什麼是知止？什麼是識數？知止，就是什麼該做？什麼不該做？都要知道，不該做的不做，這就是知止。識數：該做的是什麼？要做到什麼程度？這就是識數。

九、如何知止識數

要學會格物致知，大學之道曰：「知止而後有定，定而後靜，靜而後能安，安而後能慮，慮而後能得。」這就是先知後止，然後再格物，格物後致知，致知才能識數，識數後執行自然能得。

十、什麼是知止

遇逆境不憂慮、不怨人，遇樂事要平常心，遇壞事不生氣，遇吃虧不難過，失去不可惜等等，停指一切的怨、恨、惱、怒、煩、憂傷、恐懼、抱屈等。凡事往正面思考，把事情想通不再成為負擔。如果可以在經過專一至誠的思考，獲得更多智慧，就是格物致知。

第二十一節　行道做德

一、外功內德

道是行的，德是做的，不行就沒有道，不做就沒有德。在外受人肯定是功，在內修身涵養是德，外功內德，功是功，德是德，是有所區別的。外功無法補內德，內德也是一個人的涵養，人總想造外在的功，補內在的德，祈求延壽改運，卻不願意從除去稟性著手，總是勞財傷身，最後鬧個徒勞無功。

二、有德就有財

上天按天理命名，人照本分行事，就合天道，本着天道做的就是天德，也就能不思而得。現在的人只知求財，不知做德，那是捨本逐末，等於開個假花，沒往紮下根，怎能結果呢？德是根、財是果。所以想發財，先要做德，那德就是搖錢樹的種子。所以說：「大德者必得其祿。」

三、善有善報

沒有貪來的德，沒有爭來的功，沒有攬來的福。把事做好，助人成事是功，有功的人必能掌權。若自己誇德、與人爭功，或是身子雖做，內心不滿，那叫勞而無功。捨錢行善或勸人為善都是善，做善的人，來生準富，有洪福享，可是還在因果裡。若是能教人去習性、化稟性、除去心性上的苦惱，就叫做救性，救性是一救萬古，那才是德。人的性子清，才能存德。

四、大智諾愚

明白人托起愚人就有德，愚人能信明白人也有德。天生智者，原為的是替愚人服務。明白人若是不托愚人，就是違天命，愚人若不信明白人，也是違天命。勸世，得常保持覺得對不起眾人的心態，因為眾人還沒有明白，若眾人都能明白，心才能安。

五、能屈能伸

常說大丈夫要能屈能伸，怎樣叫能屈能伸？遇着愚人，能低在愚人底下，把他托起來，才算能屈；遇着高人，志向要超過他，不被欺住，才叫能伸。

六、外功內果

多立事功、多結人緣，便是外功，有外功而後有內果。盡倫常、辦公益，都是外功。就像植物的生根、長幹、伸枝附葉、開花等，都是外功，外功完成，才能結內果。人若是沒有外功，不能成內果。一樣是講道，沒實行的人，講得天花亂墜，人也不注意，甚至還遭到誹謗。有實行的人，說一句別人信一句，那怕是一句俗話，聽的人也會覺得其中有道，這就是有外功才有內果的明證。有多少人佩服就有多大的德，有多少人信服就有多大功。

七、水深火熱

世人都怕水深火熱，怕死在裡面。豈不知好名的死在名上，好利的死在利上，每天都處在水深火熱之中，自己還不知道呢！講道，若不貪名是「入火不焚」，能不貪錢是「入水不溺」。

八、知行合一

學道的人，知道一位古人，就學一位古人，知道一位今人，就學一位今人，知道一個字，就行一個字，才是知行合一。

九、自思何許人

欺人是孽，累人是罪，助人是功，成人是德。自己要常想想，我做的是什麼樣的人？

十、彼岸在心

常說要達彼岸，什麼是彼岸？彼就是對面人的心，自己的心是對面人的彼，達到對面人的心，就是達彼岸，達誰的心就登誰的岸，知命者才能達彼岸。

十一、命就是名

命者名也，命就是自己的職稱名字，如：
有媽媽的名，就有媽媽的命，就有媽媽的道，有道就有媽媽的岸。
有爸爸的名，就有爸爸的命，就有爸爸的道，有道就有爸爸的岸。
有兒女的名，就有兒女的命，就有兒女的道，有道就有兒女的岸。
有夫妻的名，就有夫妻的命，就有夫妻的道，有道就有夫妻的岸。

十二、盡道登彼岸

道與岸是一體的，相對而生，絕對而行。失去道、失去岸，那就是苦海。人都有多重的名、多重的命，哪一個道無知，哪一個名難做，哪一個命就苦，哪一個岸就無法登，人生掉入苦海，活著痛苦，死後又怎能解脫呢？

十三、命就是本

正本才能清源，清源才能淨化苦海。上游不清，下游就混濁，上梁不正，下樑就歪，正自己的本分，才能提供子孫好的德性，下游才能清澈；正自己的本，才能回溯上游的源頭，正本清源，所謂一人得道，九祖七玄盡超生就是這個道理。

十四、除三害

昔有周處除三害，今人也可幫自己除三害，一除性界之害為稟性，二除心界之害為貪慾，三除身界之害為惡習。三害如三把刀，放下屠刀立地成佛。

第五章　四大界

志、意、心、身是四大界

迷信的人說，奈河橋上三條路，一條是金，一條是銀，一條就是黃泉路。用志做人就是「金」，用意做人就是「銀」，以身心用事就是走上了「黃泉路」。

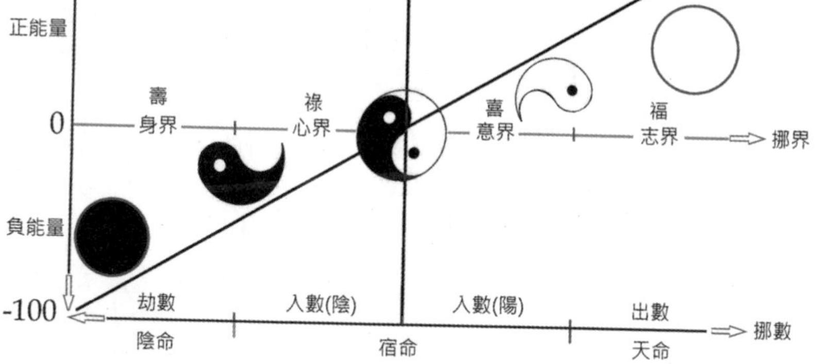

志界人

志界人不說，怎樣都好，意界人知足，心界人好貪，身界人好鬥。不說的叫做無心人，知足的叫做淨心人，好貪的叫做操心人，好鬥的叫做糟心人。糟心是鬼，操心是人，淨心是神，沒心是佛。

志界人一切不說，看透因果，不找循環，不說就是「佛」的境界。要想超凡入聖，得會挪界（轉移境界）。

志界人說話，如同板上釘釘子，用力也難拔是真的。

志界人就像春天，專講生發，不講報復。古人說「有氣不生消魔難，有寃不報是修行。」正是志界人的表現。

事壞人不壞是志界人，志界人什麼也不計較。

志界人聞過則拜，心裡感恩，從心裡認不是，不是口頭上認不是，是真認不是，內心裡懺悔。

意界人

意界人知足常樂，樂就是「神」。

意界人說話，說完不忘一定要實行是好的。

意界人就像夏天，專講包容與涵養，使萬物滋生繁茂，君子能成人之美，正是意界人的行為。

意界人是大義包涵。

意界人虛心，聞過則喜，有過能改。

心界人

心界人貪而無厭，不知足，滿腦子妄想，好用機謀巧算，所以是個小人。

心界人說話，好談空理，說了不行是假的。

心界人就像秋天，專講自私，就像萬物到了秋成的時侯，各自結果不顧別人，所以弄得七零八落。

心界人總是算計，怎麼能占便宜。

心界人好面子，聞過則飾，這是諱過，知而不改。

身界人

身界人只知為身子做打算，有己無人，橫不講理見着東西就想占為己有，占不到便宜就生氣打架，總是發愁。

身界人說話，說完就了，存都不存，是空的。

身界人好享受，吃喝玩樂為首要，招災受難樣樣來，總是好了傷疤忘了痛，習性難了。

身界人像冬天，專講破壞，只知橫取豪奪，人人怕他，也不敢沾染，沾着一點邊就受害不淺。

身界人見物就眼紅，得不到手就生氣。

身界人不知有過，聞過則怒，終身不改。

「志」：有志的性，是無為而無不為的。

「意」：有意的性，是信着人的，遇着好事就願讓給別人。

「心」：有心的性，是貪而無厭的，一心為己，總想占人的便宜。

「身」：有身的性，是破壞成性的，人己兩傷也不知悔。

所以說，絕不可讓心、身兩界做主，只能讓身心兩界聽命。

一、四大界分清

一個人必須把四大界分別清楚。究竟怎樣算是分清呢？

本性如如不動，把世間的愚人托起來，使他們成為大智慧人，便是志界，就是佛國的境界。

心無一物，常樂無憂，便是意界，就是天堂的境界。

貪得無厭，多憂多慮，便是心界，就是苦海的境界。

為名為利爭貪攪亂，花天酒地，流連忘返，好勇鬥狠，便是身界，就是地獄的境界。

所以說，志界是佛國，意界是天堂，心界是苦海，身界是地獄。

二、四大界定位

定在志界：就是佛國，不論境遇好壞、貧富得失、榮辱存亡，都能如如不動，只知為人、成人，以志當人。

定在意界：就是天堂，知足長樂就是活神仙。

掉入心界：是人界，多思多慮、患得患失，是無邊的苦海，今人以心為主，怎能成佛呢？

落在身界：身是個胎生物，終久要壞，所以要把他看假。人必須立功立德，不知從功德入手，不能成道。所以常說，志、意兩界是建設世界的，心、身兩界是破壞世界的。

三、四大界行事

以志做人的：不論遇着多麼逆的環境，也不動性，就是一尊佛。

以意做人的：不論事情怎麼多，也不累心，是位活神仙。

以心做人的：不論怎麼能幹，也是個操心人。

以身做人的：不論做到什麼地步，也是個破敗星。

四、四大界真假好壞

志是心量：志是真的，志界人講心量，心量越大功能越廣，天加福越多。

意是樂觀：意是好的，意界人樂觀進取，專找好處，包容心大，人緣廣。

心是苦海：心是假的，心界人，在苦海浮浮沉沉，喜怒無常怨氣多，不如意事常八九。

身是沉淪：身是壞的，人有過失都往外推，不知自省，才起爭端。

人做真了：佛、神、人、鬼都能受感動，這叫一真一切真。人若是不真，一切全假，就是好事也得變假。所以君子求己，並不怨人。他人不真，是因為自己沒真。他人不好，是因為自己沒好。

五、四大界像棵樹

志像樹根，意像樹幹，心像椏權，身像枝葉。枝葉、椏權都必須修剪，所以要「正心修身」。

六、四大界的距離

志、意、心、身四大界之間，都隔着十萬八千里。

身界人：無所不為，他有一幫吃喝玩樂的壞親友，他就是想學好，那幫壞親友也要纏着他，使他不得上進，所以挪界是很難的。

心界人：想登意界，心界的親友拉着。

意界人：想登志界，意界的親友拉着。

所以必須四大界分清，才能成道。

七、六道輪迴

講佛經的人說，人死之後要入六道輪迴。六道輪迴都在我們身上呢！何必向外求？人的持身行事：

用志的便是佛道。

用意的便是神道。
用心的便是人道。
貪取外物不顧情理的便是物道。
專好上火的便是妖道。
專好生氣的便是鬼道。
這六道每天都輪廻在我們身上，何必等死後呢？

八、六道互通

志是佛道，意是神道，心是人道，發脾氣是鬼道。
發脾氣神就散，立志佛就來。
鬼道不明，不認識人。
人道不會，不認識神。
神道不明，不認識佛。

九、恢復天性

人能恢復天性，萬事全知，災殃全消；把意誠住，萬事全靈，苦惱全無；把心定住，萬事全通，困難全無；把身練好，萬勞全做，到處有緣，就是佛國現前了。

十、普渡眾生

人須通達志、意、心、身四大界，才能普度眾生。只知神佛是怎麼成的，人是怎麼生的，不知物（動物）是怎麼來的，就不能救人、救物。牛的性裡有愚火，狗的性裡有陰木，雞的性裡有陰金，缺土，前生缺信實，所以就現那樣個身，受那樣的苦。不知動物的來歷，又怎能救牠出苦呢？

十一、四大界運用

會使用志的人，越遇逆境越樂。會使用意的人，意念多大，義氣也多大。

會使用心的人，心裡千變萬化、妙用無窮。會使用身的人，無論怎樣做工，也累不傷人。

心就是魔，總是處處出現。千思萬慮、非分妄想，便是魔擾心。憂愁煩惱，生氣上火，便是魔擾性。遊手好閒，滿身嗜好，便是魔擾身。魔的害處，令人寒心，把心掐死，以志為主，才能出苦得樂！

十二、人若有累

心中有累，就是命中有累，事實生活上必有累事，必得撥陰、取陽、認不是，才能改善。

不高興是生心眼啦！已經產生了負能量，必得開個口讓陰氣散去，否則無法解脫；意像皮球似的，是正能量，就算是針鼻大小的眼（缺口），要學會補漏，不然就漏氣啦！

十三、四大界的根本

性是本，志是根，是萬事萬物的根。根像雨似的，天雨本來無心，可是酸梨得了必酸，甘草得了必甜。志在天地間，也像那雨一樣。

觀察古人行事，要知道古人是用志、意、心、身，哪個字成的道？像孟母教子是用志字成的；三娘教子，是用意字成的。

好了好了，好一個、了一個，了一個、開一個。有身，心放不開；有心，意放不開；有意，志放不開。

近人遠了是心，遠人近了是意；神是近人遠，遠人近；佛一切都遠，又遠而不遠。

意是神，誠住意不令外散，涵養久了，自然如神。神和天地同大，哪念哪有，誰念誰靈。意是陽光，能照破黑暗，把私慾除淨，天理自然流行。

稟性化了就是意，想化世界，輕則用意，重則使志。能夠用志的，萬世罪孽一筆勾消。可是魔來了，可得定住，志稍微一動，便是種子。

十四、四大界順逆

持身行道須謹慎，志界人一倒了志，便要墜落到身界。意界人一失足，便落到心界，心界人難過久了，便是自殘傷身，最後落入了陰界，難以自拔。

十五、定志養身

要想定住志，必須用三界養身。首先要立本，例如教師，就該常研究教書的道，把書理給鑽透，本自然立住，本立住才能立心，心立住了才能立身。人若是定在志界上，如如不動，不用你去找佛，佛就會來找你。你若是定不住志，就是天天求佛，佛也不理你。因為你見好事心裡高興，是被善魔魔倒了！見壞事心裡發愁，是被惡魔魔倒了！要是到了志界上，好事歹事都不動心，對與不對全不動性，魔就助你成佛啦！

十六、紅塵在心

修行人怕染塵，所以有離塵的、有避塵的。豈不知塵在心裡，不在身外，要從心裡了。心裡不可有塵，身外不能沒塵。不迷、不染，招魔也不後悔，受屈也不怨人，得失苦樂都不動心，才是志界人。

十七、近誰悟誰

用志要從近處作起，近誰就悟誰的道，知誰的性，把他助起來，叫他佩服了才算。先令一二人佩服，再令千百人佩服，這才是真用志。

十八、正反兩面助

用志做人是不說的、不變的，你欺我、罵我是成就我，你假、你詐也是成反面的助我，反面的助，力量更大。志要高、意要大、心要平、身子要低。各教聖人，沒有不是以志為主的。孔子在陳絕糧，仍然是坦蕩自如、絃歌不輟；又聽說，耶穌被釘十字架，三日復活仍救世人；釋迦佛當忍辱真人時，被歌利王割截肢體，還說：「我成佛先度你！」他們這種精神，是不是一樣呢？各教形式雖然不同，可是精神是一樣的，若是分門別類就不對啦！

十九、死心化性

真到了志界，半點火氣也沒有，只剩真樂了！死心才能化性，稟性化了而後意誠，意誠而後志誠，這是一定的理。

二十、四大界的高度範圍

道高一尺、魔高一丈，是身界，純陰；

道高一丈、魔在頭上，是心界，陰中陰；

道在頭上、魔在身上，是心界，陰中陽；

道在身上、魔在周圍，是意界，陽中陰；

道在周圍、魔在天地，是意界，陽中陽，

道在天地、魔就是道，是志界，純陽。

天地循環，生生不息，沒有絕對的善，沒有絕對的惡，換個角度，最後還是得回歸到原點。

—第六章—

化性篇

第一節 化性談

一、苦海無邊

落在苦海裡，若是不會游泳（挪界）的去救人，自己也很難走出來。救人的命還在因果裡，是一時的；救人的性，是永久的、是一救萬古，永斷循環。所以救命是有形的；救性是無形的，是萬劫不朽的。人性被救，如出苦海、如登彼岸，永不墜落。

二、化性挪界

志意心身四大界。志界人，能挪動意心身三界人；意界人，能挪動心身二界；心身二界人，能拖累意心身三界人。挪界都相差十萬八千公里，沒實踐過的人，難以體會的。說歸說，知歸知，做歸做，實踐歸實踐。真實踐的人，化理論為步驟，將繁瑣變簡單，是經驗累積而來的，一句話，一個表情，一個動作，都能夠懾動人心，引起共鳴，讓人感動臣服。

三、知性識人

知性者，才能認識人；能知物性的人，才會利用物，這就是和天接碴（接靈），什麼樣的人，就存什麼心，說什麼話，辦什麼事，你若是看他不是，是不知他的性，也就是不明他的道，準被他氣着。就像屎殼螂好推糞球，黃皮子（鼬）好吃小雞，爭貪的人好占便宜，哪一界的人，辦哪一界的事，所以說都對，得用平常心看待才不會被剋著。

四、生氣上火

人被事物所迷，往往認假為真，那叫看不透，所以才說人不對。和人生氣上火，其實是自己看不透，若能把世事看透，準會笑起來，就不會和人生氣打架了。

五、立金剛志

受種種打擊，立志不生氣、不上火，被人譏笑，也不動性。氣火是兩個「無常鬼」，太陽經序說：「有氣不生消魔難，有寃不報是修行。」一點也不錯。金剛是最硬的東西，所以要立金剛志。愚人受人侮辱或被人斥責，不以為是加福，反而生氣，是剛倒了！不明白人，總是和愚人生氣，是剛炸了！不倒、不炸才能立住金剛志。

六、逆來的是德

人要真認知，吃了虧不可說，當作必是欠他的，眾人替你抱屈，你就長命。若是無故挨打受氣，也是自認自己有罪，受過了算是還債，還要感激他，若是沒有他打罵，我的罪何時能了？我說就是小人，也有好處，是擠兌人好的，從反面幫助人，像岳飛是秦檜助成的、關公是曹操助成的，怎能不感激他們呢？

七、逆來是加福

天加福是逆來的，人才嚇一跳，人加福是順來的，人才都知道。世人都有福就是不會享，給他送德來了，他又害怕，不願接受。豈不知，道是在逆境中成的，人是由好裡頭壞的。所以說好是壞的頭、壞是好的頭。肉有香味，壞了太臭，白菜不香，壞了也不臭。果木在青的時侯不會壞，熟的時侯，離壞就不遠啦！人做事也是如此。

八、好人要能擔怨

想要做好人，非能擔怨不可，能擔千百人的怨，才有厚福。人行善而得惡報，人便不平。豈不知受辱、受寃能消無邊罪孽，只求良心不壞就是了。

九、煉透人情

「煉透人情，就是學問。」能在親友中去鍊，煉成了就不怕碰。像磚瓦似的，煉透了就堅固，煉不透的如同磚坯子，一見水就化啦！人的稟性像蜘蛛網似的，遇着物便粘住，可是一見火便化了。稟性一見真火（樂），也就化了。

十、對面的道

凡對面來的，都是命裡有的，所以遇着不如意的事、不對頭的人，心中不平的結果，都要能忍受。孔子在陳絕糧、耶穌被釘十字架、佛被割截肢體，都不怨人，那才是真認命。真認命才能成道。因不認命，難以接收受眼前的一切，怨天尤人，哀傷悲戚，都是自我傷害，如果再產生更多對立，反而擴大傷害的範圍。

十一、善、功、德

逆來的有德，受侮辱、遭魔難，永不退志，那就是定住了。逆來的是德，要接受，若是心裡不樂意，就是受了也沒德，若再去找循環，就更不對啦！

吃虧是善，佛是以吃虧忍辱為占便宜，正和世人相反。明德有功，要想明德，必須性圓。要想性圓，必須死心。能裝個活死人，性就化了，化性之人能造功。

佈施方式：捨錢不如捨身，捨身不如捨心，捨心不如捨性。人能捨掉稟性就算得道。所以說教人化性，是一救萬古，性靈不昧，那才是德。

第二節　化性法

一、基本概念

大學之道在明明德，在親民，在止於至善，這是快速化性的不二法門。明明德就是把「天理、道理、情理」的德行想通，把事情做好的觀念，就是明明德，每件事情的背後，都有因果與選擇，知止而後有定，定而後能靜，靜而後能安，安而後能慮，慮而後能得，智慧由然而生，明德矣，所以把觀念想通，讓善惡分明，就是明明德。

快速化性法實施示意圖

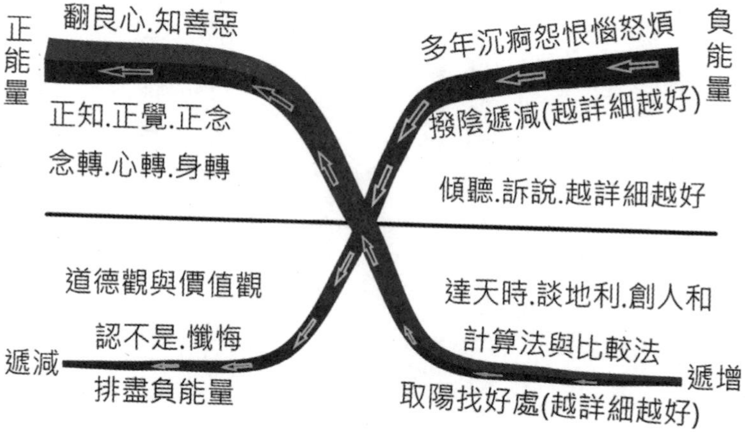

流程圖

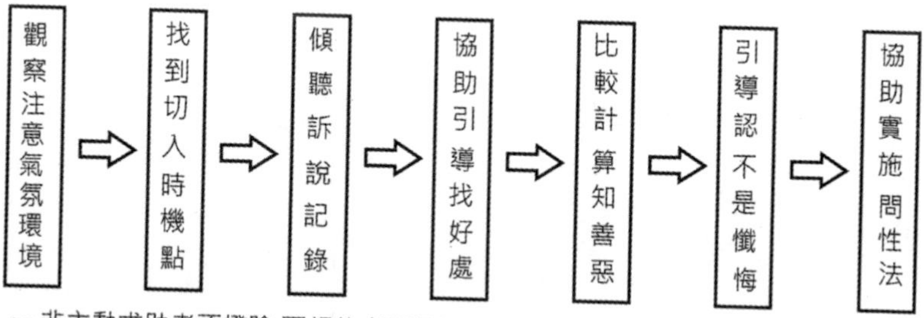

一.非主動求助者不撥陰.不相信者不撥陰.

二.環境.氣氛不適合不撥陰.注意電話干擾不撥陰.

三.時間不夠不撥陰.不適合的旁人在現場不撥陰.

什麼是親民？把觀念想通，把解決事情的方法簡單化、生活化、容易化、明確化，可以輕鬆達成與遵守，人人都可以容易獲得的方式，就是親民。

止於至善？老祖宗說：修身、齊家、治國、平天下，人親已親，在家能親家人，在社會親他人，讓德性如水一般，人人可以不取而得之，現在、未來，都可以獲得。好人、壞人、男人、女人、大人、小孩、萬物都可以擁有，無所分別，就是止於至善。

大學之盜

在冥冥得，在侵民，在止於至散，是最快造惡的原因。冥冥得？冥冥中，已經成為一家人，仗勢身分，在家庭予取予求，把最好的態度留給外人，把最差的臉色留給家人，仗著一家人的身分，要道、要財、要利，要脾氣，強迫家人讓步，一哭二鬧三上吊，怨恨惱怒煩樣樣來。

什麼是在侵民？在止於至散？過度不當的要道、索取與管轄，限制行為自由。仗勢身分，管制家人的行為，限制行動自由，非得依照自己意識，貫徹執行，嚴重侵犯家人的隱私及權利，最後導致離婚，逃家、陌路、鬱鬱寡歡、生病等，家破人亡也要為之，永遠活在埋怨中，一輩子脫離不了執念枷鎖。

思想決定人的一生，價值觀的缺陷，誤導了自己，陷入萬迷陣中，難以自拔，不明德又不學習，不自責沒本事，稍有不如意，就怪罪祖先，怪罪冤親債主作祟，四處拜佛，求神問卜作法事，就算可以獲得一時的改善，也無法完全解脫。

冤親債主

冤：最冤枉的人。
親：都是自己的家人、親人。
債：我（自己）是來討債的。
主：一切都是以我為主。

如果家人，不以我的意志為主，我就不開心，然後仗勢欺人，大發脾氣。有形的債主在身邊，清官也難斷家務事。不怨人可以解冤，無形的冤親債主，就是自己前生的習性，變成今生的稟性。用真誠的態度面對，可以消有形的債孽，修身養性，能消無形的罪孽，冤親債主自然遠離，感恩圖報之人，自然就親近了。

二、實施技巧：清性界，化性排陰

撥陰就是清除負能量，掏空洗淨，把怨恨惱怒煩，講得越徹底詳細，就撥的越乾淨。陽光底下沒新鮮事，過去的祕密，就是現在的病因，沒有過不去的梗，只有不願意解的結，過去的怨恨惱怒煩不排，心中的苦就無法釋懷，無法得樂，就是生病的主因。一吐為快、吐盡甘來，是負能量淺層排除的必要條件，在身為器，已經收臟的負能量，不會因為自認為已經放下而消失，在眾人的面前，一吐而盡，是排除的最佳方式，猶如已經骯髒的杯子，裡面的髒物不倒掉，加在多乾淨的水，杯中水依然是髒的。

取陽

撥陰排除後，取陽，就是加入正能量中和，用感恩的心，取代怨恨惱怒煩。找好處，怨誰就找誰的好處，恨誰就找誰的好處，惱誰就找誰的好處，生誰的氣（怒）就找誰的好處，煩誰就找誰的好處。如此一來，可以了解對方的價值，提升對方在自己心目中的分量，五毒之氣自然慢慢減弱，身心也就可以獲得舒暢。

找好處，從小時候找起，生、養、育、食物、物質、教育、醫療、家庭、住家、生活相處、同事情感、能力、處境等等，從反面找力量更大。

認不是

就是加上防護罩，避免負能量持續入侵。找出自己的缺失。有怨恨惱怒煩，是因為看別人的不是，卻看不見自己的缺失，才會往自己身上存陰收贓，導致自己掉入苦海，甚至讓病魔纏身。拿別人的錯誤，來懲罰自己，導致生病難過，拖累家人，究竟誰是誰非呢？認不是，主要是引導將心比心，找回己所不欲，勿施於人的心態，才能真正放下執念，把事情想通，排出負能量，改善身心。

第三節　懺悔法

清心界懺悔法，各教宗派都在倡導認錯懺悔，可見認錯懺悔的力量大。

口訣：對不起，我不該（……），都是我的錯。（……）內容可以自己設定，例如：

抱怨別人。

發脾氣。

看人不是「看別人缺點」。

貪心。

個性急。

說人不是「講人壞話」。

可自行設定適屬於自己的缺失，然後跟自己道歉。

實施方式：

一、不限時段有空就唸，唸出聲音，能聽到為最佳，不適合發聲場所，可在心中默念。

二、唸口訣時，不可急躁，約略一秒鐘一個字，聲音平穩，不急不徐，不可以急躁，避免急火攻心。

三、嘴巴邊唸，心中同時懺悔，懺悔越真，效果越好，三週內可以化性。

四、懺悔過程，如果有嘔吐、打嗝、排氣、拉肚子等現象，屬於排毒反應，無需過度擔心害怕。

五、哪邊有過，哪邊懺悔，已經發生的衝突，直接懺悔效果最好，只在心中懺悔，效果有限。因為對方的情緒，依然沒有出口，結還在自己身上。若只是心中的怨恨惱怒煩，跟自己懺悔即可。

六、懺悔也講求對症，下功夫，人與人之間的衝突，當然透過直接懺悔。例如忤逆父母，當然跟父母懺悔最有效，向菩薩懺悔效果有限，不恰當的懺悔模式，反而只是逃避求心安罷了。

七、不要讓錯誤的懺悔模式，變成逃避的藉口，不要製造懊悔終生的機會，弄巧成拙，反而增添家人的厭惡與排斥，那就變成罪加一等了。

八、唸經可以靜心，凡事都有個數，若是過頭了，物極必反就是惡；若是為了唸經，嚴重影響家庭的運作，不但沒功德，反而是造惡了。

第四節　問性法

清身界，方式如下：

問柔和（水）註解

口訣：善人看我有柔和——（長音），有柔和（短音）。

功能：運用五行生剋之原理，透過音頻潤肺養腎，達到化除氣火、性急、躁鬱之功效。

方法：不限時辰，每天練習六十次（可積累），三天後效果逐漸顯現。

注意事項：【要慢、要柔、要和的感覺、要面帶微笑】

一、元氣不足，講話有氣無力者，不可以唸，可先參考「問響亮」。

二、唸口訣時，不可以搶快，約一秒鐘一個字的速率為佳。

三、第一個「和」字，自然拉長音，初期拉不長是正常，不用硬要拉長，慢慢練習，自然會拉長，第二個「和」字短音即可。

四、唸口訣時，要有溫柔、和善、不急躁的感覺，聲音平穩，不破音，不求快。

五、唸口訣的過程，如有打嗝、嘔吐、排氣、腹瀉等現象，屬於排毒反應，無需擔心害怕，這是自然功法，不會有副作用，唯元氣不足的人，會有反效果，所以不建議唸。

唸口訣示範：善人看我有柔和——（和字拉長十秒以上），有柔和（和字一秒）。

問響亮（金）註解

口訣：善人看我有響亮——（長音），有響亮（短音）。

功能：運用自然五行生剋之原理，透過音頻提氣，滋養肺經，達到潤肺聚氣開喉之功效。

方法：不限時辰，每天練習六十次（可累積），三天後效果逐漸顯現。

注意事項：【要穩、要響、要亮的感覺】

一、適合講話元氣不足者練習，講話聲音急、躁、大聲者，不可以唸，可先參考「問柔和」。

二、唸口訣時，不可以搶快，約一秒鐘一個字的速率為佳。

三、第一個「亮」字，自然拉長音，初期拉不長是正常，不用硬要拉長，慢慢練習自然會拉長，第二個「亮」字短音即可。

四、唸口訣時，聲音要響、要亮、不急不躁，聲音平穩，不破音，不求快。

五、唸口訣的過程，如有打嗝、嘔吐、排氣、腹瀉等現象，屬於排毒反應，無需擔心害怕，這是自然功法，沒有副作用，對於元氣不足的人，有很好的提氣效果，所建議多唸。

唸口訣示範：善人看我有響亮——（亮字拉長十秒以上），有響亮（亮字一秒）。

問信實（土）註解

口訣：善人看我有信實——（長音），有信實（短音）。

功能：運用自然五行生剋之原理，透過音頻提氣，滋養脾胃，達到化除胃氣不舒之功效。

方法：不限時辰，每天練習六十次（可累積），三天後效果逐漸顯現。

注意事項：【要低、要沉、要穩的感覺】

一、元氣不足者，不可以唸，可先參考「問響亮」。

二、唸口訣時，不可以搶快，約一秒鐘一個字的速率為佳。

三、第一個「實」字，自然拉長音，初期拉不長是正常，不用硬要拉長，慢慢練習，自然會拉長，第二個「實」字短音即可。

四、唸口訣時，要有低沉、和善、不急不躁，聲音平穩，不破音，不求快。

五、唸口訣的過程，如有打嗝、嘔吐、排氣、腹瀉等現象，屬於排毒反應，無需擔心害怕，這是自然功法，不會有副作用，唯元氣不足者，唸了會有反效果，所以不建議先唸這個。

唸口訣示範：善人看我有信實——（實字拉長十秒以上），有信實（實字一秒）。

問明理（火）註解

口訣：善人看我有明理——（長音），有明理（短音）。

功能：運用自然五行生剋之原理，透過音頻提氣養心，以達到溫潤心臟、化除性急、躁鬱之功效。

方法：不限時辰，每天練習六十次（可累積），三天後效果逐漸顯現。

注意事項：【要清、要溫、要穩的感覺】

一、一般人皆可唸。

二、唸口訣時，不可以搶快，約一秒鐘一個字的速率為佳。

三、第一個「理」字，自然拉長音，初期拉不長是正常，不用硬要拉長，慢慢練習自然會拉長，第二個「理」字短音即可。

四、唸口訣時，要有陽光、和善、不急不躁的感覺，聲音平穩，不破音，不求快。

五、唸口訣的過程，如有打嗝、嘔吐、排氣、腹瀉等現象，屬於排毒反應，無需擔心害怕，這是自然功法，不會有副作用。

唸口訣示範：善人看我有明理——（理字拉長十秒以上），有明理（理字一秒）。

問主意（木）註解

口訣：善人看我有主意——（長音），有主意（短音）。

功能：運用自然五行生剋之原理，透過音頻提氣養肝，達到化肝火、改性急、解躁鬱之功效。

方法：不限時辰，每天練習六十次（可累積），三天後效果逐漸顯現。

注意事項：【要清、要直、要穩的感覺】

一、一般人皆可唸。

二、唸口訣時，不可以搶快，約一秒鐘一個字的速率為佳。

三、第一個「意」字自然拉長音，初期拉不長是正常，不用硬要拉長，慢慢練習自然會拉長，第二個「意」字短音即可。

四、唸口訣時要有直爽、和善、不急躁感覺，聲音平穩，不破音，不求快。

五、唸口訣的過程，如有打嗝、嘔吐、排氣、腹瀉等現象，屬於排毒反應，無需擔心害怕，這是自然功法，不會有副作用。

唸口訣示範：善人看我有主意——（意字拉長十秒以上），有主意（意字一秒）。

第七章 道德觀與價值觀

道德觀

一種自我「義務」的概念，自古以來的教育理念，著重在教導做好人，就是道德的觀念。依循先人習性，傳承的風俗民情，目的是自我約束行為。

一個求好心切的習慣，導致人都怕有缺失，都怕別人知道自己的缺點，怕別人的嘲笑諷刺，一輩子活在別人眼中，也相對的，會用自己的道德觀念約束他人，互相限制，所以常常糾正別人，在「應該」與「不應該」的範圍之間糾結。

價值觀

一種自我「權利」的概念，常說「只要我喜歡，有什麼不可以。」喜歡是一種需求，自由的意識，但是往往與周遭人事觀念起衝突，所以常常落在「因為」與「已經」之間的掙扎。

一、基本概念

人的觀念常以「道德觀」作為觀念準則，又常常以「價值觀」作為行動模式，才會產生觀念的落差與衝突，「做好好人」是道德觀，「好好做人」是價值觀，觀念不同，所承受的壓力範圍也不同，正負能量的變換，也在這一觀念之間。

價值觀的平衡原理

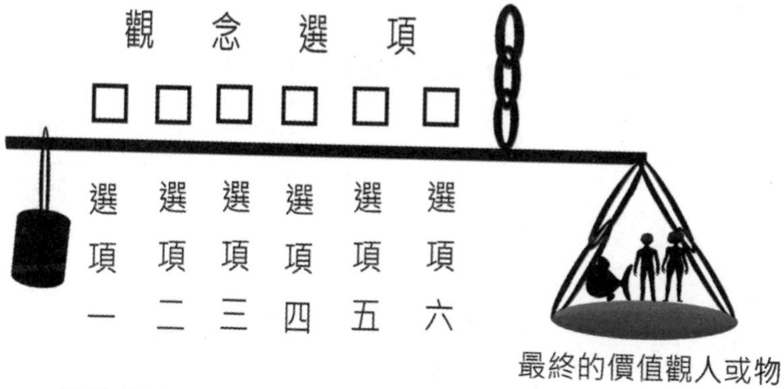

備註:選項自行設定內容.由淺入深

二、有道才有德

有道才會有德，知「道」才有道，不知「道」，道就遠了，「道」遠了，自然德也沒有了，而且還會有害。

三、道與德相生

道與德是相對而生的，有道才能做德。人從出生開始，道就已經成形，也就是人道。道從自己身上開始，就有基本的「人道」；從小生活中，首先面對的是家庭，成員有五倫，五倫又形成了「家道」；出了家庭後，進入學校學習，踏入社會工作，又產生「生存之道」，哪一道的觀念不通，哪一道無法做德，就變成苦海，最後死在道中。

四、德是本分

德不是高尚的行為，只要把人的本分做好，就是德。就像萬物，各盡本分，稻穗結穀就是德，水生萬物就是德，人盡權利與義務也是德。權利與義務，都是本分，本分做好就是德。

五、道與德概論

道德的觀念論述，就是「權利」與「義務」之間的關係，兩者平衡就是德，不平衡就是禍，自古以來道德的約束，就是強調平衡，舉例來說，做生意偷斤減兩，就是買賣交易上的不平衡，是沒有商業道德；醫生以利益為優先，罔顧性命，造成病患的健康失衡，是沒有醫德，各行各業，都有屬於自身的德。

六、功德概論

「義務」盡的比「權利」多，就是德。當「權利」要的比「義務」多，就是自私。對個人盡義務是「包容」，對家人盡義務是「責任」，對眾人盡義務是「功勞」，有功勞不爭名利就是德，這就是功德。

七、道德就是義務

「義務」就是道，人道就是盡人的義務，家道就是盡家的義務，孝道就是盡子女的義務。什麼道該盡什麼義務的觀念，就是道德觀。

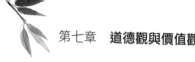

八、道德實踐

「道德觀」是從自己身上做起，就是盡義務，就是善念，從別人身上要求起，就是規範或強迫，使用不當，容易變成惡念。己所不欲，勿施於人，就是道德觀的實踐。

九、價值就是權利

「價值觀」是一種「權利」的概念。人都該擁有基本的權利，稱之為「人權」。人權概念：「人有生存的權利，健康的權利，安心生活的權利，食衣住行育樂的權利，自由的權利，結婚生子的權利等。」

十、兩觀之間

用「權利」強索他人「義務」付出，就是不道德，用「義務」滿足他人的「權利」需求，就是價值，權利與義務的失衡，就是道德與價值起了衝突，觀念就會不平衡，不平衡就產生怨恨惱怒煩，造成是是非非叢生，人生開始紛紛擾擾，個人情緒不佳，家庭就動盪不安，人生就掉入苦海。

—第八章—

比較法與計算法

第一節　比較法

一、身分不平等

人與人之間，有這麼多衝突與埋怨，主要因素是身分不平等，才會仗勢，仗勢自己身分，跟對方要道，要對方執行義務。例如夫妻之間、子女之間、兄弟姊妹、婆媳關係等，只著重自己的權利，卻規避自己的義務，不知道滿足，不懂知足，失去了將心比心的良知，才導致怨恨惱怒煩事件發生。

比較法
□從小背景□
□生活條件□
□誰付出多□
□學歷高低□
□目前狀況□

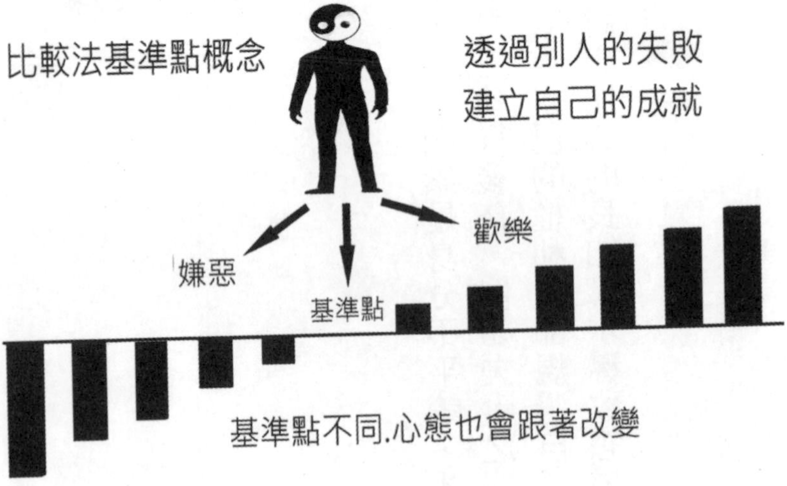
比較法基準點概念
透過別人的失敗
建立自己的成就
嫌惡
基準點
歡樂
基準點不同.心態也會跟著改變

二、基準點判斷

許多觀點的判斷，與基準點有關，觀念中只有自己的權利與對方的義務，卻不知義務與權利，早已經進行中，失去了判斷的基準點，不斷的要求索取，即使再多的付出，也達不到滿足，所以五毒產生，良心也就泯沒了。

三、不恰當的競爭

常人的心態，別人的失敗，就是自己的快樂。用別人的拙劣，證明自己的才能，說穿了就是幸災樂禍，這種不恰當的競爭心態，造成負面的比較，從比較變成了計較，計較變成忌妒，忌妒變成了厭惡，人生逐漸失去了價值的準則。

四、基準點選擇

在化性的過程中，歷史背景、生活條件、學經歷、知識與常識、道德觀、價值觀的靈活運用不可缺；基準點的運用，因人而異。導引的過程，著重的是化性，不是堅守或偏執，對任何一方的評判。

五、比較法的重點

在於「分量」的差別，不在於是非善惡。好或不好，使用技巧在於善用選擇，達到心態平衡的作用。「比較」不是「計較」，而是著重引導選擇，不是強迫接納。

第二節　計算法

一、計算內容

針對時間、金錢、健康、質量等，做個簡單、清楚、易懂的計算，靈活運用代價的觀點，達到快速分量，提供選擇的方向。

二、善用三態觀念

善用三態，有、無、虛。看得見或存在為「有」，看不見或不存在為「無」，假設為「虛」，「虛」位採用「眼見不為憑」模式，延伸想像空間。

三、虛位的轉換

計算時，善用虛位的轉變，同「單位」未必同「質量」概念。舉例來說，三十年前與三十年後，同學歷未必同質量，同質量未必同認知。

有無須計算法

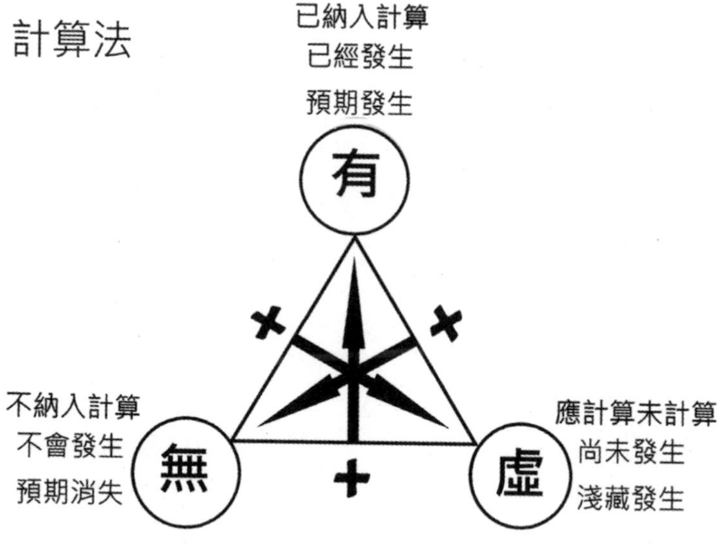

四、三態的根

「三態」觀念中，「虛位」是三態的根：

有未必有，無未必無，可有可無，有或無只是一種認定；高未必高，低未必低，可高可低，高或低只是一種心態；好未必好，壞未必壞，可好可壞，好或壞只是一種概念；善未必善，惡未必惡，可善可惡，善或惡只是一種轉換；數量不等同質量，方向不等同向量，同名同姓未必同出處。一切似有似無，隨時配合狀況調整，三態圓轉，才能快速達到轉念的功效。

五、故事案例一

四個雞蛋的故事（真實案例）。

引導過程中，這麼一個真實的案例，二十幾年前，在北方的一個城鎮，小玲（化名）替張家生下一個孫子，婆婆特地準備了幾個雞蛋，一些麵線，給媳婦坐月子，結果小玲一吃，四個雞蛋有三個壞掉，麵線是去年的，吃起來有股霉味，不是很新鮮。從此之後小玲產生了怨念，為往後的家庭，造成很多紛紛擾擾。

一個婦人生完孩子，坐月子是人生大事，怎會如此草率，隨便給個食物就打發呢？還是已經壞掉的食物，為此小玲心耿耿於懷，記恨在心無法釋懷，這梗一記，就是二十幾年，造成小玲人生旅途中，一個很大的缺憾，直至上了「自我負能量清理」的課程，才晃然大悟，一切都是因為誤解產生的情緒。可見情緒的作用是多麼的可怕。

引導的過程比較法解析

二十年前物資與現在相比，哪一個年代匱乏？是當時的環境困苦，還是現在的環境困苦？

小玲替婆家生了孫子，婆婆不也生了一個男孩，給小鈴當先生，難道婆婆不知道坐月子的重要嗎？騙人沒生過小孩！

雞蛋壞掉，麵線發霉，為何還給媳婦吃？物資匱乏的年代，雞蛋、麵線就是捨不得吃，要留給媳婦坐月子，才會放到壞掉。如果，婆婆不要那麼善念，替媳婦著想，自己把雞蛋吃掉，不就沒事了！這不是好心沒好報嗎？

省吃儉用的婆婆，因為好心，所以沒有好報。合理嗎？

婆婆怎麼不解釋說明？那個困苦年代，婆婆有讀很多書嗎？他會知道怎麼當一個溝通高手嗎？他有讀過心理學嗎？他怎會知道，把自己捨不得吃的食物留給媳婦，結果呢？變成媳婦怨恨一生的主因。

婆婆跟小玲誰的學歷高？當然是小玲學歷高，一個學歷高的人，跟一個學歷低的人計較，誰不明理呢？一個沒讀過什麼書的人，用她最原始簡單的愛，去疼惜媳婦有錯嗎？學歷高的人，應該更懂得溝通技巧，不是嗎？是誰把書白讀了？

先生為何不主持公道？手心手背都是肉，那應該站在哪一邊呢？先生也不是讀心理學系、教育科系、法律系，也不是什麼溝通高手，當然也不會懂得，如何當好一個和事佬？

自認委屈，沒有去尋找答案，不知道體諒家人的辛勞，就一味的怪罪長輩及先生，然後把自己身體搞病了，自己都不會照顧自己，那是誰的錯呢？

六、故事案例二

祖孫三代一同出遊美國（真實故事）。

在引導案例中，有這麼一則故事：兒子帶母親（七十歲）、妻子、女兒（二十幾歲）一同出國旅遊，郵輪上孫女對奶奶說「奶奶，您這一趟出遊的費用，都是我父母幫你出資的喔。」奶奶在聽到這句話，當下頓時晴天霹靂，難過萬分，萌生從船上跳海輕生的念頭。還好，通訊軟體發達，奶奶將此事告知友人，經友人給予適當的觀念引導，阻止了一場悲劇的發生。

觀念解析：「道德觀」與「價值觀」的探討，如果奶奶跳海自殺了，那誰是殺人兇手？後續事情會怎麼發展？

道德觀解析

如果奶奶自殺身亡，是因為孫女一句話造成，所以在因果中，孫女算是害死奶奶的兇手，因為「我不殺伯仁，伯仁因我而亡。」孫女可能因此終身自責，鬱鬱寡歡，心靈重創，或最後尋短見。

母親讓兒子帶出門旅遊，活生生的人，快快樂樂出遊，變成一甕骨灰回家，除了兒子、媳婦自責外，如何跟父親交代？父親日後如何跟兒子相處？結果，可能造成兒子、媳婦，也因此終身自責，鬱鬱寡歡，全家一輩子活在陰霾當中。

母親，好好的讓兄弟帶出門旅遊，悲劇產生，兄弟姊妹如何看待？如何諒解？

如果案中祖母自殺了，造成整個家族，陷入一片愁雲慘霧，心情鬱鬱寡歡。可能導致家人生病甚至死亡，或是兄弟往來減少，也算是家破人亡，家族渙散。

價值觀解析

古人常常說：「我吃過的鹽，比你吃過的米還要多。」表示經驗與智慧的累積，更勝對方，一個七十歲老人與二十幾歲的孫女，計較一句話，是誰的錯？

是誰的死？才引起孫女的一句話，導致奶奶自殺成真？是誰讓孫女變成害死奶奶的兇手成立？因果對應，因為有人死了，才有所謂的兇手，沒人死哪來的兇手，所以誰才是真正的可惡？是自殺者，才是真正的兇手。

是誰死？才造成兒子、媳婦、孫女、家族成員的悲傷？造成整個家族的陰影，是因為一個七十歲的老人，還沒看透人生的觀念，隨意自殺造成的。

—第九章—

重立人根

第一節　嬰兒的來蹤

懷孕起，孩子靈魂是因緣聚，會承願（善）或因怨念（惡）而來。

一、因果對應點

孩子與父母，有著共通的對應點，遺傳是身體的來源，靈魂性格與父母習性有關，是相對應而生的；婚前的性格，決定配對子女的靈魂，婚後的習性，決定子女的身體狀況。所謂的龍生龍、鳳生鳳、老鼠的兒子會打洞，就是這個道理。

二、自己就是模子

要培養優秀的子女，先培養優秀的自己，想要生出健康的小孩前，先化性自己，姑娘是世界的源頭，有好父母，才有優秀的子女，是不變的真理。

三、天生繼承

每個孩子，都是承父母的願力，或是怨念而來。善願者，自然可以接引善魂，來當自己的孩子；怨念者，會招怨魂來出生。物以類聚為身體，近朱者赤、近墨者黑的是靈魂，每個孩子身上，都有父母的影子，先天條件決定後天的開頭，想怎麼收穫，就先怎麼栽。回頭看看自己，就知道孩子的未來，所以婚前的優生學很重要。老天爺給每個人，隨時隨地都有改善的機會，姻緣是家庭因果的入口，什麼樣的性格，發售什麼樣的門票，就會招來什麼樣的子孫。

四、先天不足

是遺傳過程的缺失，不是父母的錯，也不是孩子的錯，因為每一個父母，也都是稟性遺傳下的受害者，每個孩子，也都是受害之後再轉投胎，基本上老天爺賦予的每條靈魂，都是純淨無瑕的，只是在輪迴轉世的過程中，受到污染，透過後天調理，是有機會重見光明的。

五、佛家說因果

萬般帶不走，唯有業隨身，既然業可以隨身而來，當然也可以離身而去。善惡一念之間，佛家談開悟，道家談頓悟，基督談真理，都是一樣的道理。

六、後天調理

先天的遺傳常是一種無奈，後天的逃避，才是苦海的根源，先天只是開頭，後天的命運，還得靠自己開創。知善惡才能知命，知命才能行道，行道才能時來運轉。

負能量過程圖

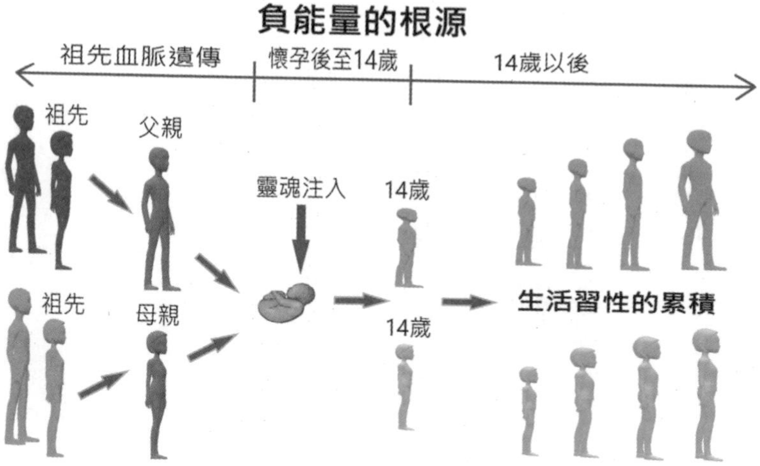
負能量的根源
祖先血脈遺傳
懷孕後至14歲
14歲以後
祖先
父親
靈魂注入
14歲
祖先
母親
生活習性的累積
14歲

習性對接

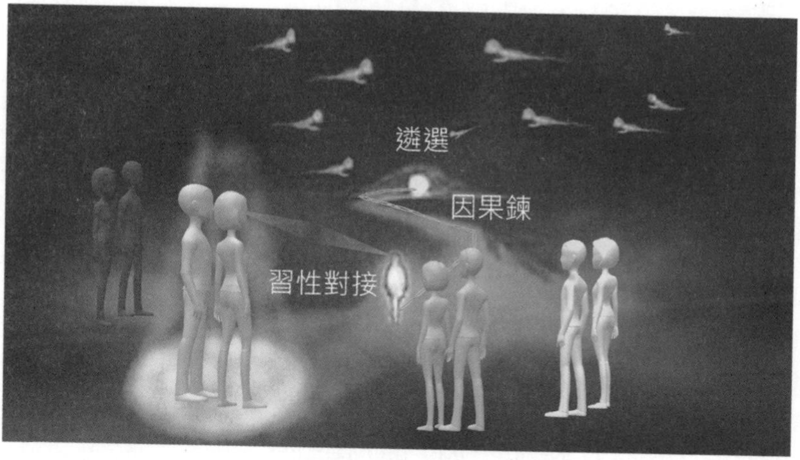
遴選
因果鍊
習性對接

第二節 懷孕十月

你想用什麼原料孕育寶寶？

一、開始成長

選擇完靈魂之後，受孕後精子與卵子結合，開始細胞分裂，母體開始提供，製造寶寶所需要的原物料，也就是媽媽的精血。媽媽的情緒，決定孩子的精華，每個父母，都希望可以生出「賽神童」的孩子。但歷史上，神童卻是少數，只因為我們每個人身上都有一定的氣稟性，就算嘴巴沒說，心中的怨恨惱怒煩還是存在的。

所以聖人才會強調要化性，化除氣稟之性。依據母親懷孕時狀態不同，孕育的孩子身形（身界五行），也會有所不同。

二、嬰兒五行

嬰兒出生後，聽他的哭聲，就知道他是什麼性（心界五行）哭聲急的屬於火性，哭聲慢的屬於水性，大聲哭然後突然停住的，屬於木性，哭聲響亮連續不斷的屬於金性，時哭時停的屬於土性。

認清孩子的稟性之後，就按照五行相生的順序教他：

男孩是木性，就要常問：「寶寶有明理（火）喔，寶寶最乖了。」

男孩是火性，就要常問：「寶寶有信實（土）喔，寶寶最乖了。」

用什麼原料生寶寶？

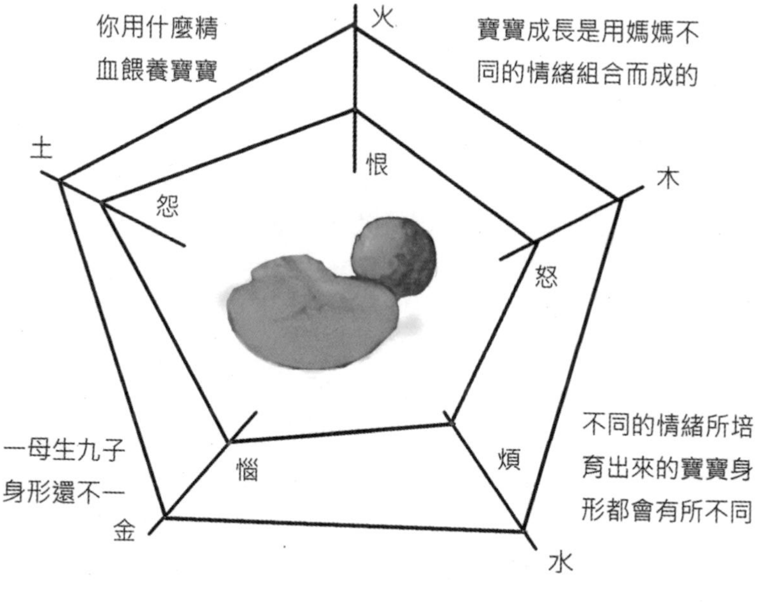
火
土
木
金
水
恨
怨
怒
惱
煩
你用什麼精
血餵養寶寶
寶寶成長是用媽媽不
同的情緒組合而成的
一母生九子
身形還不一
不同的情緒所培
育出來的寶寶身
形都會有所不同

男孩是土性，就要常問：「寶寶有響亮（金）喔，寶寶最乖了。」
男孩是金性，就要常問：「寶寶有柔和（水）喔，寶寶最乖了。」
男孩是水性，就要常問：「寶寶有主意（木）喔，寶寶最乖了。」
女孩是木性，就要常問：「寶寶有柔和（水）喔，寶寶最乖了。」
女孩是水性，就要常問：「寶寶有響亮（金）喔，寶寶最乖了。」
女孩是金性，就要常問：「寶寶有信實（土）喔，寶寶最乖了。」
女孩是土性，就要常問：「寶寶有明理（火）喔，寶寶最乖了。」
女孩是火性，就要常問：「寶寶有主意（木）喔，寶寶最乖了。」
以此類堆這就是教性，久了性也就化了。

第三節　先天

一、母子連心

所謂的母子連心，小孩子出生後，雖然已經脫離母體，依然受到母體的氣場影響，母親的一切情緒，都會影響孩子的氣場。

二、十四歲之前

孩子若得先天性疾病，病根則在母親身上，母親的情緒，所產生之怨恨惱怒煩等五毒，會透過母奶或是磁場感應，成為孩子身上的病根。所以當母親的，應該時時刻刻內觀自己的情緒，審查自己的行為模式，是否產生了負面效應，才能有效的杜絕不良習性的遺傳效應。

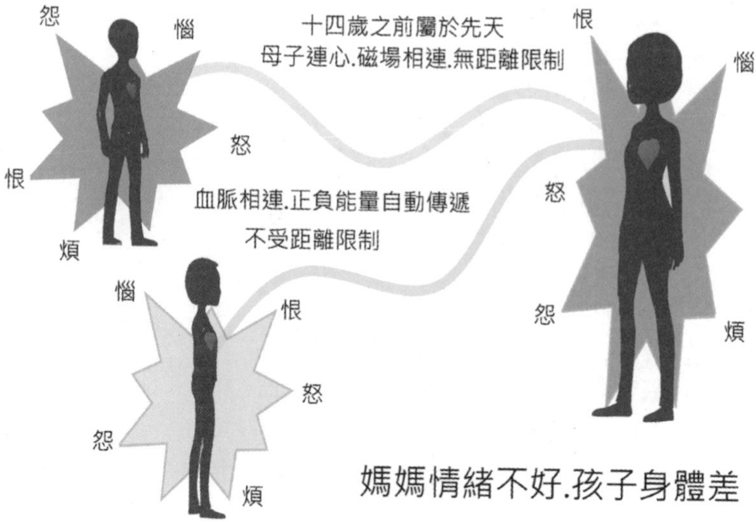

第四節　後天

十四歲以後屬於後天。由個人的習性決定，也就是決定在個人的生長環境與人際關係了，即是所謂的萬迷陣了。

提供什麼環境，就養成什麼樣的習性，習性的好壞與生長環境有一定的因果關係，這也是古今中外教育學者，特別注重家庭教育的原因。

一、父母的管教

每個孩子身上都會有父母的身影，父母是孩子生活習性的引導者，從處事態度、飲食習慣、生活習慣等等，都起了示範性的作用，一切的規範或是要求，都會被孩子亞於父母親思維的方式，累積儲存在性心身三之中，有施壓就會儲存恐懼，有強迫就會儲存叛逆，有限制就會儲存習性。表面上看似過去，仔細觀察都會表現在生活當中，父母親自認為是為了孩子將來好，孩子當下的感受卻是束縛，觀念上的差異是將來相處模式上的一道鴻溝。領導與管教在一念之間，仗勢是家庭最大的溝通障礙，不可不察。

二、學校的環境

教育是百年大計，課綱的設計、學校的風氣、師長的教學態度，都決定著每個學生未來的觀念。

三、社會的風氣

社會風氣的導向，影響著一個人的理念判斷，尤其是在這資訊發達的年代，透過資訊影像、聲音，不斷的壓縮資訊往大腦裝填，形成催眠或是三人成虎的效果，影響一個人的人格甚鉅。資訊的選擇很重要，古代資訊不發達，改變一個區域的風氣需要一段時間的醞釀，網路資訊時代，改變風氣一瞬間。

四、讀萬卷書行萬里路

書歸書，路歸路，書是眼界，路是身界，知識與經驗還有一段遙遠距離。有知識的人談理論，是後天；有經驗的人談實踐，是先天。有知識又實踐，才能由後天返先天。

第五節　內觀法

控制情緒

一、**逆勢常有**

人生不如意事常八九，分析起來，是心中過不去的觀念，占了八九。人有三界，三界是一體的，一個起心動念，產生稟性，這個負能量，遍傳三界五域，影響力不可小覷。

二、**過不去的觀念**

誰都有「過不去」的觀念或事情。常說：已經「過」去了！是

「過」已經去了？所以放下了？還是「過」去了，無法挽回，只能無奈接受事實？「過去了」是時間過去了？還是當時的不如意過去了？不再困擾？還是無奈？

三、負能量的累積

不如意事常八九，時間過去了，記憶過去了嗎？性界中的稟性消失了嗎？還是累積了呢？下次再發生時，不滿情緒會爆發嗎？心界的記憶是好或壞？對當事者有留下不良的觀感嗎？身體起怨恨惱怒煩時，所帶來的不舒服反應，有清除嗎？人生悶在心中的負能量，遠大於爭執所產生的負能量，所以學習觀察，自己性心身三界的變化，才能有效的杜絕負能量的累積。

四、學習觀察

時時觀察自己的三界變化，才能穩定自己的情緒，也透過觀察別人的三界，理解別人的情緒起伏，了解自己，才能理解別人，做好自己，才能與別人好好相處。

五、內三界觀察

觀察性界變化：觀察情緒的起伏變化，有無怨恨惱怒煩產生。

觀察心界變化：觀察心中起伏變化，心中是否知足？自私？怨人？是否有不甘心狀況，不甘心是五毒的種子。

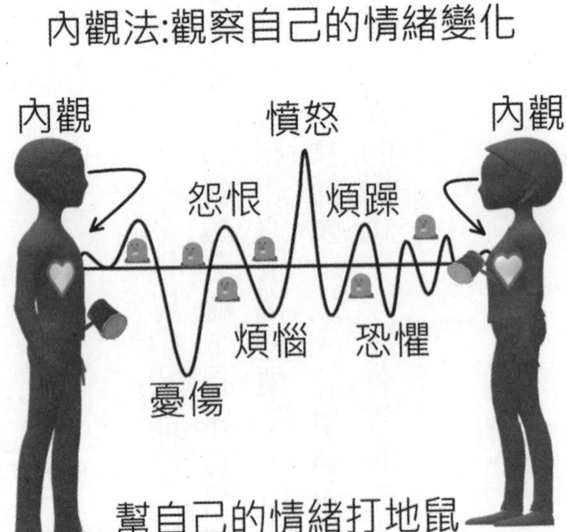

觀察身界變化：觀察身體起伏變化，身體每部位的壓力、溫度、鬆緊度等，是否產生了刺痛、糾結、疼痛、呼吸變化、皮膚灼熱等症狀。

觀三界的變化：觀察自己的行為模式，是否恰當呢？是否產生脫序行為呢？觀察負能量的大小，負能量的厚薄變化，干擾的時間長久，找到適當的方式，將負能量消除。

最快消除方式：撥陰、取陽、認不是。懺悔法與問性法可靈活運用，把事情想通。

運用將心比心：每個人的稟性作動，早已經形成一種習性，不是對方有心惹你，而是習性已經造成，對方也無法控制，屬於非惡之惡。

第六節　改變家人先改變自己

一、釜底抽薪

每個人性中都有火，這把火如果是溫馨，就能帶來暖和；這把火如果是情緒，可以火燒功德林。每個人，都是承祖先的德性而來，每個孩子，都是母親用大命換來的小命，不要用怒火來焚燒他，怒就是殺，還無藥可醫。要改善家庭關係，先學會改善自己的稟性，才算是釜底抽薪。不是生氣發火才會傷人，電磁爐、微波爐都不見火，依樣可以將食物煮熟，稟性也是如此。

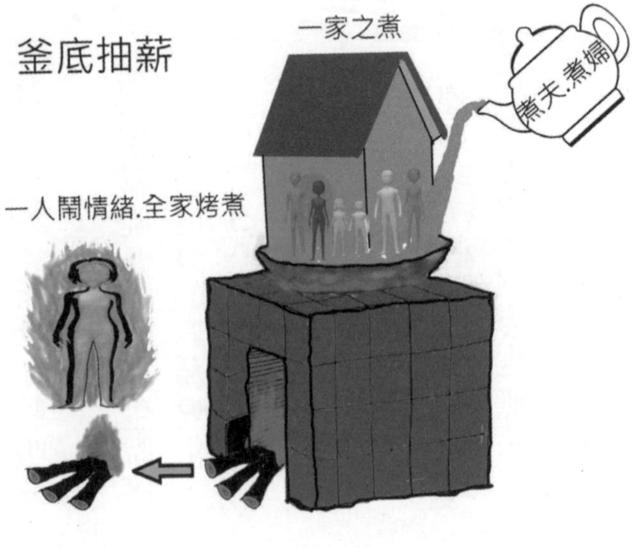
釜底抽薪
一家之煮
煮夫.煮婦
一人鬧情緒.全家烤煮

二、因緣聚會

每個家庭都是因緣聚會，都「德」來不易，緣來好聚，緣去好散。改善家庭關係，先從去情緒開始，家人情緒好不好是家人的事情，自己的情緒好不好，是自己的事情，改善自己的情緒，家庭關係自然可以獲得改善。

三、讓自己先好

把過去「你好，我就好」的觀念，改成「我好，你就不得不好」的決心，先從自身開始，不要再將自己的情緒，自己的不如意，推諉給他人，這是一種懦弱無能的表現，管不了自己，卻是期待別人先改變，每個人都在等待，卻是無人先改善。

四、一家之煮

人若任由情緒爆發，那就是男煮人，女也煮人，日積月累的悶氣，最後造成骨肉分離的狀況。情緒，是多麼可怕的因子，若被刀割傷，幾週後還能復原，但被一句話刺傷，常常一輩子難癒合。

五、先獨善自身

做人，要先學會獨善其身，這個獨善其身，不是自私自利，而是要先學會把自己保護好、照顧好，連自己都不懂照顧的人，能照顧好別人嗎？就像是不懂開車的人，教人考駕照，甚至還要開車載運家人？會有安全感嗎？這不是令人心驚膽跳嗎？

六、如果家人不和

如果家人之間，充滿怨恨惱怒煩，那該怎麼辦？那自己就更應該開心、快樂、自在，因為五毒會傷心傷身，最後會導致生病；如果全家都病了，那該怎麼辦？總該有一個人身體健康，才能照顧其他人；雖然管不了別人，但是可以決定自己，所以把自己照顧好就對了。

七、可以做更多

全家都開心了，那該怎麼辦？因為沒有不開心的理由，所以跟著幸福就可以了，願意的時候，多讀點書，學會幫助他人化性，有了成就感後，會更開心。

八、牽纏心之害

不要讓牽纏的心，造成孩子不孝的行為，夫妻間的是是非非，總是喜歡找子女評論，子女是沒資格評論父母的，評論就是不孝；父母總是擔心子女的身心健康，憂心孩子的情緒，千方百計帶著子女四處尋醫，卻不知道，是父母不恰當的行為，才造成子女的情緒起伏，從自己身上著手才能解決，否則只是加深牽纏。

九、過去事阻礙未來

不要讓過去的事情，變成溝通的阻礙。過去的傷害，是家庭情感上的鴻溝，不要認為，小時後發生的事情，長大後已經煙消雲散。

身體會儲存負能量。
心中會記憶負面磁場。
性中會潛藏氣稟性。
三界不清，是家人也無話可說，是朋友也存在尷尬。小時候不清，家人會不親，過去不淨，朋友不親近，這都是心性收贓的結果。

十、哪邊最痛哪邊考

改變自己的過程中，切莫要求家人一起改變，改變自己與改變家裡人，是兩碼子的事，自己徹底改變，時間到家人也就變了，你想變好，氣稟性一定會來考驗，你可要定住，不然一記回馬槍，自信心就全部瓦解了。

十一、沒化性結果

沒化性之人，氣火常滿的，講話鬧情緒是正常的。生活中的一點小細節，講兩句話，都會令人覺得刺耳，要把事情想通，那是非惡之惡，無心傷害或嫌棄誰，只是因為習慣產生的作用，若是常常放心上，那就容易被氣稟火給燒了。

十二、親近之人越難溝通

家人總是比外人難溝通，這是正常的現象。改變自己的過程中，要特別注意，千萬別怨家人，別用自認的善念要求家人，避免自己變成善意魔人。要避免越是改變自己，與家人距離反而越遙遠。

第七節　教育自己情緒的概念

一、放過自己

誰生氣誰生病，誰生氣家人就生病。自己的情緒，是全家人健康的惡耗，想要家人都健康，得學會疏通自己的情緒。

二、放過家人

不要讓自己的情緒，在冥冥中傷害家人，而無法自拔，刀劍傷口尚可縫合，心傷卻是難以撫平，舌比刀利不見刃，句句讓心淌血無藥醫，不可不警惕。

三、不當兇手

原來，自己才是家庭健康的殺手。中醫理論說病由心生，情緒影響自己健康，也影響全家人的健康，不要認為「情緒的負能量」只是傷害自己，那是極其錯誤的「無知」。

四、不推卸責任

不要認為，躺在病床上的家人，與你無關，那是一種錯誤的觀念，因為家人之間的情緒、氣氛、思維，是緊密相連的，一人發脾氣，帶動全家人的怨恨惱怒煩。這五種毒素，對應心肝脾肺腎的相關疾病，所以說，如果早知道，還想要發脾氣嗎？

五、不姑息自己

如果早知道，家人的身體，健康狀況，每況愈下，是跟自己的情緒有關，那姑息「負能量」的蔓延，就是養奸。如果早知道，希望自己的早知道，還來得及轉圜時空，切莫空留遺憾。

六、學習善知識

一個人，一生至少要具備其中一樣：

一位明師。

一本好書。

一句座右銘。

不斷的學習進步，是消彌五毒（怨恨惱怒煩）的最好解毒劑，環境的負能量隨時在增加，人生旅途不進則退，多用心一分少退步一分；多用心二分則進步一分；多用心三分能進步三分。

如果得有一個人生病住院.你希望是誰?
誰生氣誰生病.傷身
生氣是幫自己及家人累積生病時間.次數
012:038
你還要生氣嗎
009:024
無知的恐怖
你知道病是吃氣長大的嗎?
一人生氣全家災殃
情緒就像
吃災念拂
情緒大雜燴
親愛的我把家人給毀了?
你開心嗎?
情緒就像一把刀
情緒比暴力可怕
恐懼的陰影

七、學會自問

遇見事情時，先反問自己，告誡自己。

自己用什麼身分，看對方的不是？有資格嗎？

對方的不是，自己是否也得負擔責任？

自己是否也犯過同樣的缺失？希望別人怨自己嗎？

如果自己是對方，有把握可以不犯同樣的過錯嗎？

自己清楚整件事情的因果嗎？是否有資格評論是非呢？

告誡自己不怨人時，就已經先怨人了，已經先看人不是了，有怨了。

自己會排斥別人看自己的不是嗎？不怨人的本身，就是自己在怨人，不是不怨人，是沒資格怨人。還會想不怨人嗎？有資格怨人嗎？

八、都是自己的

父母是自己的，丈夫自己嫁的，妻子自己娶的，子女自己生的，身體是自己的，都是自己的，都是在自己手頭上搞砸的，怎還有資格怨誰呢？怎有立場生氣呢？自己沒本事，怪罪他人合理嗎？

九、負能量像一把箭

還在罵人嗎？還是自己被罵嗎？生氣就像一把弓，射出的去箭，沒有傷到他人時，這股能量，勢必回彈傷害自己；若是傷到對方，對方也會以牙還牙。所以說，傷不傷害到他人，都會傷害到自己，這真的是自己想要的嗎？

第八節　磁場

一、物以類聚

近朱者赤，近墨者黑，孟母三遷培養了聖人孟子。與正能量之人相處，可以獲得正能量，與負能量之人相處，就會傳遞負能量，都是經過感染與學習而來。

二、習性感染

三字經曰：「人之初，性本善，性相近，習相遠，苟不教，性乃遷，教之道，貴以專。」所以，人一開始的本性，都是相近的，是善的，經過人的接觸，染習了不同的習性，自然就有所差異了。

三、自己就是負能量

不要成為家裡面最大的負能量來源，一頓脾氣，一句話，一個臉色表情，一個自私的舉動，都會形成夢魘，讓人揮之不去，形成了負面磁場，潛藏在家人心中一輩子，阻礙身心靈健康。有空照照鏡子，看看自己是否嚇人，是否常有笑容。

四、家人天性

母子連心，這磁場可以無遠弗界，沒有距離之分，沒有時間之差，影響著累生累世的子子孫孫，學會愛自己才能愛家人，學會愛家人才能愛子孫，身體髮膚受之父母，沒把自己

磁場感應

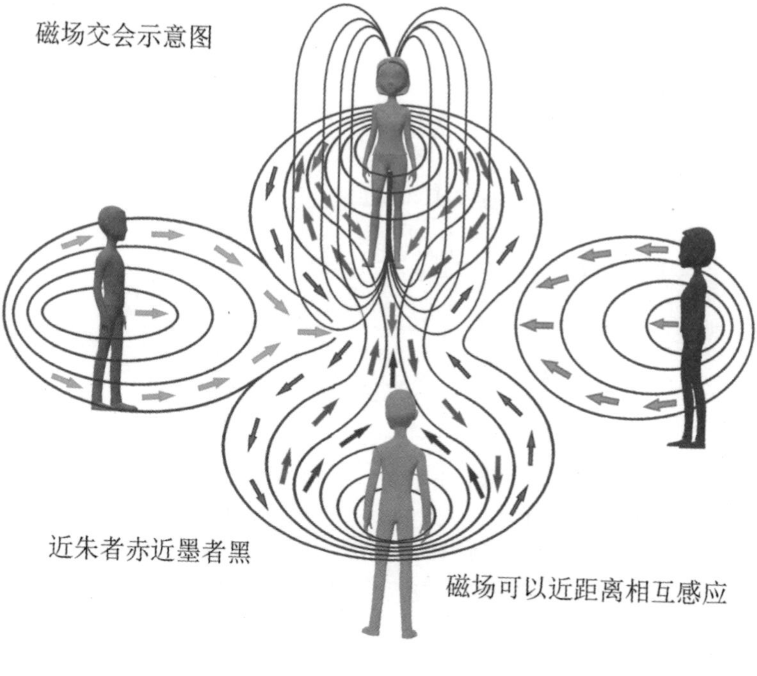
磁场交会示意图
近朱者赤近墨者黑
磁场可以近距离相互感应

照顧好，就是不孝順父母，就是拖累子孫，誰說人能獨善其身呢！

五、家庭磁場

一個家庭磁場好壞，取決於家庭氣氛，家庭氣氛好壞，取決於每個人的情緒。家庭是大磁場，個人是小磁場，都可以感應得到，所以想要磁場好，就從情緒先改善起。

六、改善家人

先從改善自己的磁場著手。改善家人，先改善自己，一個人的磁場好壞，來自於觀念的好壞，善念的人，身上會散發正能量磁場，擅惡的人，身上會散發負能量磁場，善念來自於善知識，惡念來自於無知；常說書香氣息，指的就是一股正能量，不用開口，眼睛看就可以感受到。

七、磁場感染

正能量者與負能量者接觸久了，容易產生下列情況：心浮氣躁、氣色變差、頭暈精神不濟、容易疲勞、聞到對方身上異味、話不投機等，這就是不同的磁場影響的結果。

第九節　在家改變自己的步驟

步驟一：從身界著手

身界問性法

從改變氣場開始，一個人的健康狀態，從精氣神可以看出端倪，檢視自己，先從聲音開始，從聲音判定自己的元氣狀態，在實施問性法。每個人都適合實施問性法，但得依照元氣狀態，個別實施不同的方式。

一、講話有氣無力型

生病時或長期處於憂慮狀態，容易產生元氣不足，鬱結癥狀，可優先【問響亮】（參閱問響亮方式，不可【問柔和】，不可【問信實】），持續約三週後，情況改善，可加問【問主意】、【問明理】，元氣完全復舒後，可加問【問柔和】、【問信實】，每天五種問法輪流實施，作為保健養身之道。

二、**氣火旺盛型**

若講話急快、高亢、尖銳、忽高，這是長期處於急躁，氣火旺盛，情緒緊繃狀態，所產生的徵狀，優先【問柔和】（參閱問柔和方式，不可【問響亮】），持續約三週情況改善，可加問【問主意】、【問明理】，元氣完全柔順，可再加問【問信實】、【問響亮】，可每天五種問法輪流實施，作為保健養身之道。

三、一**般狀態**

現代人，性中普遍有氣火，講話氣火都旺，就算沒有時常浮躁、著急、憂慮等徵狀，也可優先【問柔和】保養，持續三週情況改善，可加問【問主意】、【問明理】，元氣柔順後，再加問【問信實】、【問響亮】，改善後，可每天五種問法輪流實施，作為保健養身之道。

四、追蹤方式

每天用手機相機，自拍大頭照，拍照時，讓整顆頭入鏡，注意燈光明亮，注意拍照品質【請關閉相機美膚亮白】功能，然後再每天相互比較，追蹤觀看自己的氣色、膚色細紋、眼袋、眼神等之變化。

身界懺悔法

運用懺悔法，不斷的教育自己：

實施口訣：對不起，我不該□抽菸、□喝酒、□賭博、□吸毒，都是我的錯。

有空就唸：唸的時候心中不斷提醒自己，這些習慣會殘害自己身體，勞神傷財連累家人，這是自己要的嗎？不斷的透過提醒催眠方式，讓自己的大腦，記住要改變的惡習，從而達到念轉、心轉、身就轉的效果。

步驟二：從心界著手

一、**看書**

改善自己的觀念，了解人生的版圖，人生有哪些區塊。從書裡面，了解正負能量的根源，是如何在身心靈層次產生作用，把這本書給讀明白，真正的讀懂。

二、**看本書方式建議**

第一次閱讀：第一次看本書，先看目錄，找到自己的共鳴區，大概翻閱一下，簡單讀過一遍，不求快，不求精，不死背，不求詳解，概略知道本書的內容。

第二次閱讀：不求快，稍微詳細，不死背簡單思考，「在家改變自己的步驟」可先自行施作。

第三次閱讀：不求快，但求精確詳細思考，書中每一句話的要義，後面閱讀越多次數，越瞭解自然越精闢。

己所不欲勿施於人，先幫自己化性，先不要想去改變他人，應該先改變自己為優先。越是想學好，心魔越是來考，多讀書定下心來，意念才不會飄掉。

三、參加相關課程

參加相關課程，從別人的經驗中，去吸取更快速的轉念方式，他人多年的智慧，直接吸收是最快的方式，能學習吸收再改良，悟出自己心得更好。

心界懺悔法

運用懺悔法，不斷的改善自己意念。

實施方式：對不起，我不該□抱怨人、□個性急、□看人不是、□隨便發脾氣……，都是我的錯。有空就唸，唸的時候，心中不斷的提醒自己，這些習慣，會殘害自己的身體，勞神傷財連累家人，這是自己要的嗎？不斷的透過提醒，督促自己，讓大腦記住要改變的惡習，從而達到念轉、心轉、身就轉的效果。

步驟三：從性界著手

一、**積極布施分享**

布施善書，增加自己的善功德，結更多善緣，幫助的人越多，就聚集越多的靈性，開啟更多智慧。

二、**不斷格物致知**

自己從小到大犯過什麼錯，在心中積極主動懺悔，學會認錯，找自己的過失檢討，只找別人的優點給予感恩。不斷的提醒自己，千錯萬錯都是自己的錯，沒能把自己保護好就是自己的錯，沒有任何理由可以怪別人。

三、每天檢討自己

用內觀法檢視自己，今天有起心動念，怨恨他人，生氣了嗎？不用刻意阻擋自己不起心動念，畢竟自己還不是聖人。但要主動思考如何消彌不良的念頭，因為我們正在學習改善自己。稟性有時間長短之分、範圍大小之別、厚薄之差，能把轉念時間減短，範圍縮小，作用力變薄，那就是進步了。

舉例來說：

以前生氣時，會記恨一輩子，學習轉念後，遞減為一年，一個月，一周，三天，一天，這樣時間上就進步了。

以前生氣，會波及同事或家人，學習轉念後，遞減為公司情緒不帶回家，就事論事，不發情緒，這樣範圍上就進步了。

以前生氣，會大發雷霆不可收拾，學習轉念後，遞減為大罵幾句，嘴巴告誡，就事論事檢討，平和說明，怨自己能力不足沒注意，這樣厚薄上就進步了。

第十節　經驗談

一、不強迫自己當聖人

不可學習此書觀念後，強迫周圍人修正改善；別人好不好，是別人的事，自己只能以身作則引領，否則，容易讓自己陷入看人不是。

二、學會觀察臉部五行

若是他人沒主動問起時，切莫主動提出對方的不是，企圖指導糾正對方的行為模式，這樣容易讓自己掉入看人不是的狀態中，導致自己產生了負能量，也容易引起對方的不悅，可能因此發生衝突。

三、在學習懺悔時

在學習明道的過程中，如果引發些許的排毒反應，比如輕微發燒、嘔吐、打嗝、排氣、牙齦浮腫、局部疼痛、精神不振、嗜睡等症狀，都是屬於正常狀態，不用擔心害怕，也可到醫院做適當的檢查。

四、三界要分開清理

化性也是分三界，化性要化的徹底，化性不是只有化一次，身體是化習性，幾個習性化幾次；心有心性，有多少種私慾，就得化多少次；性中有稟性，有多少稟性就得化多少，所以化性是得不斷的化，並非一次就能化性完全。

五、顯性與隱性

三性各分顯性（可見部分）與隱性（不可見部分），顯性部分，可以透過正常的化性程序實施，隱性部分，得透過幫別人實施化性時，反饋回來化著自己，所以說，幫人化性，也是在化自己的性。

六、不思善惡

化性時不可執著道德觀，先入為主的觀念，會導致引導空間狹隘，不可執著對錯，引導的過程，應該以對比轉念為主軸，同理心，是很重要的引導開端。

七、稟性會重複發生

稟性會重複的發作與影響自己，不要認為經過一次的化性，就是完全改善，所以不要用過高的要求，彼此間約束。

八、己所不欲勿施於人

自己沒做到的事，不要企圖引導他人，協助幫人在這一部分化性。因為在引導的過程當中，語言之中會含有心虛的意念，容易引起些許不良反應，所以，針對自己做到的部分引導即可。

九、注意環境

引導的過程中，注意環境不要吵雜，注意通風順暢空氣流通，注意手機電話的干擾。

十、不是主動求助者

不主動協助化性，因為效果不佳，反而會有反效果。

—第十章—

格物致知

一、家和萬事興

家和？人和？跟自己和？跟誰和？該怎麼和？從哪裡和？順從？遷就？委屈？強迫？

二、不怨人

原諒對方？用什麼角度原諒？對與錯、是與非？包容對方？用什麼角度包容？該包還是容？誰包誰容？接納對方？用什麼角度接納？接在哪？納什麼？

三、找好處

找誰好處？找什麼好處？找哪個角度的好處？找好？找處？什麼是好？好處在哪？

四、認不是

什麼不是？什麼才是？誰認？認誰的不是？認不？認是？誰不？誰是？如何認？

五、一字以貫之

一字千金、一字千斤、一字千經、一字千禁、一字遷荊、一字遷矜、一智千金、一智千斤、一智千經、一智千禁、一智遷荊、一字遷矜、一志千金、一志千斤、一志千經、一志遷荊、一志千禁、一志遷荊、一志遷矜、一至千金、一至千斤、一至千經、一至千禁、一至遷荊、一至遷矜、一治千金、一治千斤、一治千經、一治千禁、一治遷荊、一治千矜、一念之間、一念之艱、一念之姦、一念之監、一念之尖、一念之煎、一念之殲、一念之肩、一念之菅。

古人說：「一以貫之」，真實的一點都沒錯，一藐一菩提，一藐三菩提，三藐一菩提，三藐三菩提，藐是菩提，多藐多菩提，藐等於菩提，菩提等於藐，藐不等於菩提，菩提不等於藐，一之間。在法律上，一個字之差，差之毫釐，失之千里，在日常生活中的對話，也是如此。常常為了一句話之別，大動干戈，所以古人才說，要三思而後行，一個看似微不足道的一，在生活中鬧出了多少遺憾，實在不可不注意。

第十一章
人生陣列新薪傳

一通：通世之法，想通。

二念：思世之法，善念、惡念。

二觀：平世之法，道德觀、價值觀。

三界：入世之法，性、心、身。

五行：應世之法，木、火、土、金、水。

四大界：出世之法，志、意、心、身。

五大域：分世之法，外境、表相、身器、心意、氣稟。

六大法：好世之法，問性、懺悔、內觀、比較、計算、化性。

一通為想通，想不通，看不開人生的際遇，綁死自己；一若不通，二念全惡，生活無善，如何善待自己，又怎知善待他人；不懂得善待他人，又如何知「道」？不知「道」如何做德？無道無德，人生沒有價值，何去何從？三界是人的來蹤，決定想何去何從之前，先知道自己怎麼來的。既來之，則安之，如何能安之？知五行才不會招災受難，才知道如何相生不受剋，人飢己飢，人溺己溺，誰又能獨善其身一輩子，人生不如意事常八九，誘惑、煩惱總是在發生，就像是在踩地雷，不知四大界，怎知道如何闖出地雷陣？知道解陣法，也得知道地雷的分佈，解開人生，先知五大域，一目了然，才能開始入陣破陣。解陣有技巧，基本有六法，懂六法人生暢行無阻。

知己知彼百戰不殆，不了解自己，如何善待自己，不理解他人，如何融入環境，人生是一場萬迷陣，沒有人生陣列圖如何過人生黑關，過不了人生黑關如何解脫苦海。

國家圖書館出版品預行編目資料

人生真相學：把事情想通就是善／陳明朗著. --
初版.--臺中市：白象文化，2020.11
面； 公分
ISBN 978-986-5526-97-9（平裝）
1.人生哲學 2.修身
191.9 109013050

人生真相學：把事情想通就是善

作　　者　陳明朗
校　　對　陳明朗
發 行 人　張輝潭
出版發行　白象文化事業有限公司
412台中市大里區科技路1號8樓之2（台中軟體園區）
出版專線：（04）2496-5995　傳真：（04）2496-9901
401台中市東區和平街228巷44號（經銷部）
購書專線：（04）2220-8589　傳真：（04）2220-8505
專案主編　黃麗穎
出版編印　林榮威、陳逸儒、黃麗穎、水邊、陳媁婷、李婕
設計創意　張禮南、何佳諠
經紀企劃　張輝潭、徐錦淳、廖書湘
經銷推廣　李莉吟、莊博亞、劉育姍、林政泓
行銷宣傳　黃姿虹、沈若瑜
營運管理　林金郎、曾千熏
印　　刷　基盛印刷工場
初版一刷　2020年11月
二版一刷　2022年12月
定　　價　280元